ROSARIO JIJENA SÁNCHEZ

D0791757

# Cómo organizar eventos con éxito

LECTORUM - UGERMAN
Buenos Aires • México • Miami

Jijena Sánchez, Rosario
Cómo organizar eventos con éxito. - 1ª ed.- Buenos Aires:
Lectorum-Ugerman, 2009.
332 p.; 23 x 15 cm - (Temática empresarial)

ISBN 978-987-1547-03-6
1. Organización de Eventos. I. Título
CDD 659.2

Fecha de catalogación: 16/12/2008

Diseño de tapa: D. G. Pablo Ugerman
Diagramación: Sara Alfaro

© 2009, by LECTORUM-UGERMAN de LECTORUM S. A.
    Ituzaingó 1151 - P. B. "8"
    (1272) Capital Federal
    Telefax 011.4362.2107
    Buenos Aires - Argentina
    Info@lectorum-ugerman.com.ar

    Buenos Aires • México • Miami

Primera reimpresión: junio de 2009

Hecho el depósito que marca la ley.

IMPRESO EN MÉXICO.
*PRINTED IN MEXICO.*

# CURRICULUM VITAE

Fundadora y presidente del Centro de Organizadores de Eventos desde 1988. Creadora de las siguientes carreras: Organización de Eventos, Asesoramiento en Imagen Personal, Asesoramiento en Imagen Corporativa, Organización de Eventos Deportivos, primer postítulo especialización en Congresos y Exposiciones, todos con certificación oficial; así como de los cursos presenciales y a distancia (también con reconocimiento de la Secretaría de Educación), Organización de Eventos Empresariales, Organización de Reuniones Sociales, Wedding Planner, Hotelería, Turismo y Eventos, Imagen y Oratoria, Protocolo social, empresarial y oficial, entre otros. Encargada de RRPP del Centro de Estudios Art Monique (Marsella, Francia). Disertante en Danube University Krems, Austria; en la Escuela de Formación Turística en La Habana y Varadero (Cuba); en Montevideo (Uruguay); de la Antigua Escuela del Mar (Barcelona, España); en las Universidades Nilton Lins de Manaos (Brasil); de San Diego (La Jolla); Formación Gerencial (Quito y Guayaquil, Ecuador); de El Salvador, de Palermo, de Belgrano, de Lanús, de Lomas de Zamora (Buenos Aires), Centro Cultural Borges, Profesora y Directora del Centro de Estudios Diplomacia de Delfina Mitre. Organizadora de desfiles de moda, presentaciones de libros y vernissages. Asesora de imagen de su consultora Imagen y Estilo.

Ha dictado cursos de calidad de servicio para los Hoteles Sheraton, Regente Palace Hotel, Windsor y Dorá de Córdoba, Instituto Superior del Chaco, de Proyección XXI de Córdoba y Fundación Magister de Tucumán en convenio con la Universidad de Belgrano, y del Programa de IDEB (Mar del Plata) Asociación Argentina de Tenis, y del Profesorado Superior Católico (Consudec).

Es autora de los siguientes libros: *Organización de eventos*, *ABCD Eventos, el diccionario de los eventos*, *Eventos, problemas e imprevistos, soluciones y sugerencias*, *Imagen personal, profesional y corporativa, cómo crearla, sostenerla o revertirla*. *Organización de Bodas, Guía práctica para profesionales y novios*, *Marketing para Eventos*, junto a Gerardo Woscoboinik. En preparación: *Manual de Oratoria*.

# Índice

Prólogo . . . . . . . . . . . . . . . . . . . . . . . . . . . . . . . . . . 9

Introducción . . . . . . . . . . . . . . . . . . . . . . . . . . . . . 11

Perfil del organizador . . . . . . . . . . . . . . . . . . . . . . . . 15

¿Qué es un evento? Tipos de evento . . . . . . . . . . . . . . . . . 25

Planificación de eventos . . . . . . . . . . . . . . . . . . . . . 57

Tiempos . . . . . . . . . . . . . . . . . . . . . . . . . . . . . . . . 73

Infraestructura . . . . . . . . . . . . . . . . . . . . . . . . . . . 81

La sede y su ambientación . . . . . . . . . . . . . . . . . . . . . 93

Recursos técnicos . . . . . . . . . . . . . . . . . . . . . . . . . . 113

El Luna Park, sede mítica de Buenos Aires.
Entrevista a Juan Carlos Lectoure . . . . . . . . . . . . . . . . 121

El hotel como sede. Entrevista a Carlos Ferrucci,
del Regente Palace Hotel . . . . . . . . . . . . . . . . . . . . . 131

Recursos humanos . . . . . . . . . . . . . . . . . . . . . . . . . . 135

ADMINISTRACIÓN Y COMERCIALIZACIÓN . . . . . . . . . . . . . . . . 145

MARKETING PROMOCIONAL . . . . . . . . . . . . . . . . . . . . . . . . . 155

DIFUSIÓN, PUBLICIDAD, PRENSA . . . . . . . . . . . . . . . . . . . . . . 161

CREATIVIDAD. ENTREVISTA A EDUARDO LERCHUNDI . . . . . . . . 169

EVENTOS E IMAGEN . . . . . . . . . . . . . . . . . . . . . . . . . . . . . . . 177

CEREMONIAL APLICADO . . . . . . . . . . . . . . . . . . . . . . . . . . . . 197

GESTIÓN EMPRESARIAL. ENTREVISTA A MÓNICA VARDÉ . . . . . 213

IMPORTANCIA DE LA PALABRA . . . . . . . . . . . . . . . . . . . . . . . 221

ORGANIZACIÓN DE EVENTOS PARA PERSONAS CON
CAPACIDADES DIFERENTES. ENTREVISTA
A ALEJANDRO PÉREZ . . . . . . . . . . . . . . . . . . . . . . . . . . . . . . 229

LANZAMIENTO DE PRODUCTOS Y PROMOCIONES.
ENTREVISTA A JORGE SARDELLA . . . . . . . . . . . . . . . . . . . . . 239

CONGRESOS . . . . . . . . . . . . . . . . . . . . . . . . . . . . . . . . . . . . 245

FERIAS Y EXPOSICIONES . . . . . . . . . . . . . . . . . . . . . . . . . . . 259

DESFILES DE MODA. ENTREVISTA A ROBERTO GIORDANO . . . . 269

LA PLANIFICACIÓN. ENTREVISTA A EDUARDO GÁLVEZ . . . . . . . 277

EJEMPLOS PRÁCTICOS. MUESTRAS DE ARTE.
PRESENTACIONES DE LIBROS . . . . . . . . . . . . . . . . . . . . . . . . 283

EVENTOS DEPORTIVOS. ENTREVISTA A DANTE MÓNACO . . . . . 289

ORGANIZACIÓN DE ACTOS ACADÉMICOS . . . . . . . . . . . . . . . . 301

EVENTOS INFANTILES . . . . . . . . . . . . . . . . . . . . . . . . . . . . 309

EVENTOS SOCIALES . . . . . . . . . . . . . . . . . . . . . . . . . . . . . 317

INTRODUCCIÓN A LA PRODUCCIÓN DE ESPECTÁCULOS . . . . . . . 325

CONCLUSIONES . . . . . . . . . . . . . . . . . . . . . . . . . . . . . . . 329

# PRÓLOGO

Cuando Rosario Jijena Sánchez trajo un ejemplar de la primera edición de este libro para presentar en Madrid, en ese entonces la palabra "eventos" no era utilizada como ahora, corría el año 1998 y casi no existía una formación específica en esta área. Ahora las cosas han cambiado, se emplea esta palabra con la misma acepción que en la Argentina, Francia, Estados Unidos y otros países de Latinoamérica, y cursos de formación, al menos en España, comienzan a dictarse en distintas universidades e instituciones.

Ahora podremos presentar esta edición en nuestro país, ampliada por su autora y otros especialistas que han colaborado aportando su conocimiento y que no lo dudamos, tendrá muy buena acogida, ya que es un material indispensable para clarificar conceptos, ampliar ideas y aprender de los que cuentan acá su experiencia.

Esta disciplina, ejercida antiguamente por el "maestro de ceremonias", ha existido en todos los ámbitos y en todas las épocas.

Pero recién ahora se le da la importancia que merece.

Qué podríamos decir nosotros, que con nuestra monarquía estamos habituados a cumplir y hacer cumplir normas de protocolo y como dijo RJS en una de sus conferencias, "no hay evento sin protocolo" o por lo menos sin un ordenamiento.

El evento, reunión, acto, acontecimiento, como queramos nombrarlo, cumple una serie de requisitos e involucra áreas tan disímiles como la gastronómica, el protocolo, el marketing o la contratación de servicios. Siempre en pos de la perfección, de lo majo, de lo que quede en el recuerdo.

Tanto perdurará en la memoria de la novia el vals o el brindis de la fiesta de su boda, como en los asistentes a un congreso la rigidez del acto de apertura o en los deportistas el momento de la largada en una maratón.

Muchos de esos aspectos están contemplados en este manual, podríamos llamarlo así, que servirá de orientación, como hasta ahora, no sólo a los estudiantes de Organización de Eventos sino también de Relaciones Públicas, Hotelería, Marketing, Turismo, Imagen y Comunicación, para citar algunas disciplinas relacionadas.

Con detalles de la planificación, cronogramas, anécdotas y pautas no dudamos que usted podría organizar un evento.

Sabemos que a este libro le han seguido otros, el *ABCDEventos, Organización de eventos, problemas e imprevistos*, luego *Marketing para eventos* y por último, *Imagen personal, profesional y corporativa* y *Organización de bodas* (actualizado a agosto de 2008).

Releyendo estas páginas, para escribir estas líneas del prólogo a mi querida colega y amiga, me quedan sus palabras, en cuanto a la "importancia de la Creatividad, del rigor, de la excelencia en la organización, en el valor agregado, en el respeto por el público, en el buen manejo de los tiempos, en la importancia de los RRHH" y sé por mi actividad, que realmente, hay posibilidad laboral para todos con sus distintas aptitudes y habilidades, eso sí, prepárese para vivir situaciones de mucha tensión, pero qué feliz se sentirá cuando después de largas horas, días o meses de trabajo, usted diga "misión cumplida".

Mara Rentero Palladini
*Marquesa de Tordecillas*
Organizadora de Bodas
Ibiza, abril de 2003

# INTRODUCCIÓN

Con este libro busco acompañar y ayudar a todo aquel que deba realizar un evento. Esta palabra, si bien puede ser cuestionada por los académicos, ya es reconocida aún internacionalmente al aplicársela a la realización de diversas reuniones públicas y privadas. Así se denominan genéricamente a las ferias, congresos, exposiciones, jornadas, seminarios, presentaciones de libros, lanzamiento de productos, conferencias de prensa, desfiles de moda, *workshops, showrooms, vernissages*, recepciones sociales, recitales musicales, fiestas folklóricas, ritos de colectividades y actos culturales. Curiosamente, aunque "evento" o "contingencia" se refieran a "cosas que puedan suceder o no", en la práctica se trata sobre cosas que sí tienen que ocurrir, y para las que se trabaja procurando que transcurran con toda seguridad y organizadamente.

Algunos confunden a este concepto tan abarcativo —quizá precisamente por su novedad y amplitud— solamente con fiestas o reuniones sociales. Pero en momentos de crisis económica mundial, vale la pena aclarar que los "eventos" no se refieren solamente a celebraciones frívolas, sino que muchas veces alcanzan magnitud de fenómeno social, como pueden serlo las Olimpíadas, la emotiva Fiesta de la Pachamama en nuestros Valles Calchaquíes, el festejo dentro de la familia del primer año. Los eventos pueden mover fortunas, pero también dan la posibilidad de relacionarse más estrechamente a grupos humanos o de exaltar la sensibilidad ante motivaciones culturales o religiosas.

Calladamente, algunos eventos pueden también representar otros grandes cambios en la historia y la costumbre de naciones. Personalmente, hace poco tiempo tuve oportunidad de presenciar en Bélgica muchas reuniones y actos que simbolizaban el nacimiento de la comunidad o la nueva súper-nación europea, una génesis de la que aún muchos ciudadanos de otros países no tienen cabal conciencia.

Siento que cada uno tiene casi el deber de transmitir a otros las vivencias que logra captar. Por eso, a mis alumnos procuro contarles todo el ingenio, la creatividad y la tecnología que he presenciado. Desde los toques de refinamiento en los desfiles privados de la casa Chanel —en el número 31 de la rue Cambon y con la vital presencia de la misma Cocô Chanel—, hasta las fiestas populares que se dieron en Francia con motivo de los 200 años de la creación de *La Marsellesa*, los concursos de sorprendentes esculturas en la arena de la Costa Blanca española, y los casi mágicos arreglos de los stands de la Feria de la Alimentación de Anuga, en Alemania, son todas experiencias válidas para conocer y tener en cuenta.

De la importancia que se le da en los Estados Unidos y Europa a estas presentaciones son testigos quienes hayan podido admirar los artificios creados por Walt Disney en lo que eran pantanos desiertos de la Florida, o los novísimos centros de diversión instalados en España. Pasando por Milán coincidí en mi itinerario con la realización de su famosa Feria de Anticuarios, y fue tan exitosa la concurrencia de sus visitantes, que me resultó imposible alojarme, ya que todas las plazas hoteleras estaban ocupadas, igual que en las vecinas ciudades de Padua, Verona y Bolzano. La incipiente participación argentina en estas muestras internacionales, así como en el Salón Internacional de la Alimentación, SIAL, de París, aunque por comparación remarcó muchas diferencias con otros países americanos, en cambio me alentó a considerar que éste también podría ser un campo interesante para los creativos argentinos que quisieran adentrarse en este terreno.

El Baile de la Rosa de Mónaco —cuyo *leit motiv* del año 1997 fue El Tango— es otro ejemplo de como un suceso organizado por la controvertida familia de la bella Grace Kelly excede su marco suntuoso y frívolo para representar una importante ayuda a las obras benéficas de la Cruz Roja Internacional.

Entre otras creaciones he visto los desfiles de Philippe Decouflett (En Francia y en Argentina con Cargo 92), con sus estructuras modificables de los hombres "que crecen", de manera que la dimensión de sus protagonistas se vuelva más acorde a grandes espacios, y también me deslumbré con los impresionantes juegos de láser de Jean Michel Jarre, en París, donde hasta los gigantescos edificios vecinos parecen participar.

Pero no me admiraron solamente las presentaciones organizadas en otras partes del mundo. En nuestro país me resultó inolvidable ver al Luna Park forrado totalmente de tela negra en su interior y con un enorme "plato volador" que voló realmente, sorprendiendo a los espectadores. O con un moño gigante envolviéndolo como un regalo. (El casamiento de Maradona hizo de ese estadio un gran salón de fiestas, y yo he participado allí en una comida para mil personas donde los platos estaban servidos exactamente en su punto, el helado estaba helado y el chocolate caliente, bien caliente).

¿He aprendido algo de todo lo que tuve la suerte de ver y admirar?

Por lo pronto, he aprendido que la creatividad no tiene límites, ni siquiera cuando se le achican los presupuestos o los recursos tecnológicos, ya que el ingenio entonces es cuando parece agrandarse para compensar toda restricción. También aprendí que el evento es teatro, es magia. Es un espectáculo donde el actor y el público están uno al lado del otro con una misma finalidad: divertirse, emocionarse, transmitir o recibir un mensaje. Pero que todo esto hay que saber organizarlo, sino, no habrá magia ni emociones.

Han pasado diez años desde la primera edición de este libro y muchos aspectos de la organización de eventos han cambiado.

Por un lado el hecho de existir una carrera que permite formar profesionales hace que las exigencias tanto de clientes como del público o asistentes sean mayores.

Esta formación teórica y la vivencia de la práctica y realización de eventos, han marcado un antes y un después.

Los pioneros, idóneos en esta actividad trazaron un camino, que los alumnos y graduados toman como ejemplo.

También nuestras condiciones económicas, laborales y sociales han cambiado. El conocimiento, los viajes, la globalización han ido marcando diferencias notables.

Este libro ha servido de punto de partida, tanto como una guía para cursos y la carrera de Organización de Eventos, como para los otros dos que escribí posteriormente, pero al reeditarlo consideré necesario incorporar algunos aspectos, veamos: pensar siempre que a un evento pueden asistir personas con capacidades diferentes, por lo tanto hay que prever accesos, rampas, ascensores, circulación preferencial, asientos o espacios para sillas de ruedas, señalización o equipos sonoros especiales. En la utilización del correo electrónico, en las consultas, asesoramiento o negociaciones vía Internet, los tiempos han cambiado, tenemos menos tiempo para dedicarle a cada asunto ya que hay cada vez más centros de interés, más sed de conocimiento y más elementos para satisfacerla, la respuesta a una consulta debe ser dada en forma inmediata, por lo tanto, vamos ya a entrar en tema.

# PERFIL DEL ORGANIZADOR
## ELEMENTOS INDISPENSABLES PARA EL ÉXITO

# PERFIL DEL ORGANIZADOR

*Muchos se preguntan cómo debe ser un Organizador de Eventos:
¿Puedo ser yo? ¿Qué características debo poseer? ¿Cuánto capital
necesito? ¿Debo alquilar un local? ¿Y la edad? ¿Qué estudios
requiero?*

¡Cuántas conjeturas!

Hablemos del Organizador, del *perfil profesional y humano* que
lo define o que debería tener.

Aunque es difícil tipificar a un ser humano en función de algo,
sí podemos asegurar que en general el Organizador de Eventos
indudablemente debe poseer *creatividad*.

Si pensamos desde el punto de vista de lo ideal en el aspecto
*humano* seria que tuviera características tales como un natural
manejo de las relaciones públicas, y virtudes tan contrapuestas
como autoridad y paciencia, disciplina y pasión, a la vez que fuera
minucioso y exigente pero conservando siempre un perfecto auto-
dominio.

En el aspecto *profesional* debería capacitarse para conocer las
técnicas de la organización de eventos, así como la dinámica de la
conducción de grupos o equipos de trabajo. Deberá aspirar a ser
líder aunque antes tendrá que ser un individuo disciplinado, apto
para interpretar y ejecutar directivas, sobre todo si trabaja en
empresas. Si quiere hacerlo en forma independiente e iniciarse en
esta actividad, lógicamente lo recomendable es que lo haga poco a

poco, adquiriendo antecedentes y —lo importante— de valiosas experiencias.

Estos conceptos ideales no son reglas rígidas. Dependerán del tipo de actividad que quiera encarar. No es lo mismo pretender desarrollar promociones en ámbitos cerrados o que exijan un determinado nivel de conocimientos como, por ejemplo, en ciertas actividades culturales o de las artes plásticas, que si se desea organizar fiestas infantiles. Algo parecido ocurrirá cuando se necesite contar con contactos dentro del campo de la prensa o de la ciencia.

En nuestro país ya se ha profesionalizado esta actividad. Para ello, el Centro de Organizadores de Eventos compromete sus esfuerzos día a día en procura de lograr un alto nivel de capacitación para alcanzar la excelencia que hoy día se exige en cualquier carrera. De los mismos profesionales en actividad ha surgido la inquietud de especializarse y perfeccionarse para institucionalizar el ámbito de su trabajo.

En cuanto a las otras preguntas, pueden responderse así. Para iniciarse no es necesario contar con un capital importante ni con un local, aunque si se los tiene siempre será mucho mejor, desde luego. Pero en este campo el principal capital es la creatividad, la organización, la responsabilidad, el manejo del tiempo, en estrategias de marketing para insertarse en el mercado laboral y fijar las pautas para desplegar y aplicar la creatividad y los conocimientos dentro de las limitaciones que la realidad imponga.

Respecto de la capacitación, si bien resultan muy convenientes por su afinidad las carreras de Relaciones Públicas, Turismo, Ceremonial, Administración de empresas, lo ideal es formarse en la carrera específica de Organización de Eventos y Asesoramiento en Imagen. También puede señalarse que entre las herramientas con que deberá contar el interesado en esta actividad es necesaria una base de datos de Proveedores de Servicios y Productos, ya que muchas veces deberá responder totalmente por ellos ante sus clientes y el público aunque no sea él quien los aplique o venda.

El Organizador de Eventos en muchas situaciones afrontará factores emotivos del cliente que requieran de su contención. Si somos los profesionales, los expertos, si sabemos los pormenores de este mundo y de quienes lo integran pues entonces seremos quienes debemos asesorarlo sobre los pasos a seguir y las precauciones a tomar en cada caso.

También serán importantes los recursos psicológicos cuando se tengan que considerar las reacciones del público ante determinados mensajes y propuestas.

En cuanto a la edad, no hay límites. Un jubilado puede organizar eventos para sus congéneres de la tercera edad con mejor conocimiento que otros más jóvenes. Y un muchacho podrá iniciarse preparando originales fiestas y recitales con mejor onda que muchos adultos.

Como marco de referencia hablaré un poco de mis primeros pasos. No sé qué fecha poner para mi comienzo en el mundo de los eventos, aunque sí tengo presente que cuando yo tenía 17 años formé un ballet infantil y se me ocurrió presentarlo en el pequeño teatro del Jardín Zoológico, como marco más llamativo. Sin ningún apoyo y sólo por propia iniciativa, entrevisté al director del Zoo, logrando que me lo cedieran para hacer allí las funciones. El éxito que obtuvimos me permitió ofrecer varias funciones durante todo un mes.

Como vemos, para organizar eventos no hay límites sino problemas cuyas soluciones nos permitirán plasmar en la realidad nuestra capacidad de crear. Lo otro, es saber disfrutar de estas posibilidades.

A mí, personalmente, me gusta saber que la gente aplica lo que le transmito y que esto enriquece su forma de ser. Todos somos diferentes y le podremos dar nuestro sello a lo que hagamos.

A veces me preguntan, ¿Hay campo de acción en esto de los eventos? Yo respondo: "sí". O me inquieren, dudando: ¿Importa la edad?, y contesto: "no". Posiblemente esa pizquita de omnipotencia que tengo me lleve a desear ayudar a todos a encontrar un camino en la vida o darle un nuevo ritmo. ¿Y por qué no? Todos tenemos algo digno de aprovechar, todos tenemos nuestras fortalezas y debilidades. Simplemente, hay que saber encausarlas y a veces nos viene bien que alguien, desde la vereda de enfrente, nos lo diga.

En estos primeros 20 años que cumple mi Centro de Organizadores de Eventos creo que responderán a muchas inquietudes las estadísticas sobre este mundo y su notable e innegable crecimiento tomados de los análisis profundos, completos, confiables y verificables de la Editorial Ferias y Congresos que dirige Juan Carlos Grassi.

Prosiguiendo con el tema del Perfil del Organizador, podemos citar los elementos imprescindibles para que sea exitoso:

## PROVEEDORES CONFIABLES

Esto se logrará con el tiempo, ya sabemos que todo evento es un trabajo en equipo, y el cumplimiento de los proveedores, en tiempo, forma y lugar, es requisito indispensable. Debemos poder confiar en ellos, en su capacidad, solvencia, estructura y experiencia.

Puede que usted necesite 300, 500, 3000, souvenires, carpetas, prendas, CD o cualquier elemento. Verifique si la empresa o persona a quien lo encarga tiene la capacidad de producción y no que se entusiasme por el negocio que hace con usted, sino que pueda realizarlo.

## PREOCUPARSE POR LA EXCELENCIA

Para esto deberá verificar, las veces que sean necesarias, cada una de las áreas que componen el equipo.

Definir roles, asignar tareas y responsabilidades, tener en claro los objetivos del evento y los deseos del público o el cliente.

Manejar los tiempos calculando los imprevistos (sugiero mi libro sobre esa temática, principalmente porque están "previstos" los imprevistos).

La obsesión en el perfeccionismo.

Si tomamos conciencia que ya existen estudios y Posgrados sobre la Organización de Eventos, que es una carrera que se estudia durante tres años, nos daremos cuenta de que es imposible improvisar.

## CREATIVIDAD

La originalidad como he dicho anteriormente, encarrilar la creatividad, desde la forma de envío de una invitación o convocatoria, el diseño en sí mismo, la programación del evento, la elección de la sede, el desarrollo del programa, la vestimenta de todas las áreas de RRHH.

Esto nos permitirá ser diferentes, originales, distinguirnos, crear modas, posicionarnos.

En algún capítulo trato este tema. La creatividad se alimenta y se desarrolla, todos podemos ser creativos, el asunto es animarnos.

Algunas herramientas que nos serán muy útiles son la del torbellino de ideas (*brainstorming*) que siempre nos será de suma utilidad, utilizar la técnica de lo inverso y de lo opuesto, entre otras.

## OBSESIÓN

Si bien en un párrafo anterior trato este tema, por los detalles, como se dice, la cadena se corta por el eslabón más fino. En un evento todo es importante y todo debe estar cuidado, todos los detalles, desde la arruga en un mantel, a servir la comida a destiempo, una bebida que debe tomarse fría, que nos la sirven caliente, un toilettes desaseado, una recepcionista de buen o mal humor, poca o deficiente señalización, el cumplimiento de los horarios previstos, no hay nada que pueda decirse que no es relevante.

Nuestra obsesión es que todo se dé como es debido, vamos de lo macro a lo micro dando el mismo valor, a veces.

## EL MANEJO DE LOS TIEMPOS (CRONOGRAMA)

Este punto, tanto el tiempo de preparación como el desarrollo del evento en sí, está tratado más adelante en el capítulo referente a tiempos.

## EL CONOCIMIENTO DEL TIMING

Este aspecto también es fundamental, es como pulsar el ambiente, reconocer como están los invitados, el público, los participantes.

Si el ámbito no está caldeado o si la gente no está predispuesta, no se podrá comenzar con juegos, pretender que bailen, participen en un *brainstorming*.

En esto tienen mucha experiencia los profesores de educación física, los recreólogos, los psicólogos, especialistas en recursos humanos, dirigentes políticos.

Hay que preparar el terreno, cortar en el momento oportuno o iniciar…

Es como el director teatral o cinematográfico que maneja la capacidad de expectativa y atención que puede tener el público para mantenerlo constantemente interesado.

## LA CONDUCCIÓN

Este tema se asocia al tema anterior.

## LA SINCRONIZACIÓN

Todas las personas tienen que estar al tanto del horario, tienen que participar y sobre todo pertenecer al equipo, sentirse parte de la cosa.

## LA MOTIVACIÓN

Siempre tiene que haber una motivación, tanto para el que trabaja, el productor, el organizador, el proveedor.

## RESPONDER A LAS EXPECTATIVAS

O sea brindar lo que se prometió.

## SORPRENDER

Como comento en este capítulo, que el público presienta lo que puede suceder pero sin saberlo. Por ejemplo, y ya con la actualidad del día (8 de agosto de 2008) cómo contuvimos el aliento esperando cada segundo del acto de apertura de las Olimpíadas de Beijing en la mañana de hoy.

## UNA BASE DE DATOS COMPLETA

Pero no sólo de proveedores, sedes, y todo lo que iremos tratando a lo largo de estos capítulos sino que sean responsables, confiables y profesionales.

## AUTODOMINIO

Es fundamental el autocontrol, el saber dominarse ante una situación inesperada, ante un imprevisto, una persona desubicada.

## PASIÓN

Y hacer todo con pasión, entusiasmarse.

# ¿QUÉ ES UN EVENTO?
## TIPOS DE EVENTO

# ¿QUÉ ES UN EVENTO?

Dicho de otra manera, a los fines de nuestro estudio, la definición que podemos analizar es la siguiente:

Evento es todo acontecimiento previamente organizado que reúne a un determinado número de personas en tiempo y lugar preestablecidos, que desarrollarán y compartirán una serie de actividades afines a un mismo objetivo para estímulo del comercio, la industria, el intercambio social y la cultura general.

Podríamos hablar de diferentes tipos de eventos. En algunos la programación nos permite liberar la creatividad aplicando una serie de ideas, fantasías y entretenimientos más originales o divertidos. En otros casos, nos condiciona el marco debido a los requerimientos de un cliente que exige una formalidad determinada o un estilo predeterminado, ya sea por una cuestión de conveniencia o de continuidad en la imagen ya institucionalizada.

Sin embargo, esto no quiere decir que se anule la creatividad sino que deberemos encarrilarla dentro de márgenes más estrictos. El buen gusto en los diseños de la papelería, por ejemplo, o una estilización más moderna o que refuerce la imagen ya conocida del cliente son caminos recomendables.

Ya señalamos algunos tipos definidos de eventos, pero ésta clasificación no significa que no puedan combinarse entre sí, ya sea por necesidades propias o para conseguir un mejor resultado en los fines previstos.

La experiencia nos indica que podrían indicarse dos grandes campos de acción en los eventos: los **empresariales,** que tienen una trascendencia pública y relacionada con algún rédito económico o de otra índole (cultural o político institucional, por dar algunos ejemplos) y los **sociales**, que se orientan más bien hacia el ámbito privado, familiar o de relaciones humanas, y que buscan estimular precisamente los contactos entre personas o grupos, sin pretender otros réditos que los afectivos o que inducen al mejoramiento de los vínculos humanos.

Entre los **empresariales** podemos agrupar a los congresos, ferias, exposiciones, lanzamientos de productos, seminarios, jornadas, desfiles de moda, peinados y accesorios, *workshops*, reuniones de prensa, recitales musicales, desayunos, entregas de premios, premières de espectáculos, megaeventos, *showrooms*, visitas o inauguraciones de plantas empresarias o industriales, presentaciones de libros, actos culturales y vinculados con las artes plásticas.

Como eventos **sociales** podemos considerar a los casamientos, cumpleaños, recepciones formales e informales, inauguraciones de casas, aniversarios, celebraciones de compañerismo, asados, tés, cenas o almuerzos, salidas, reuniones infantiles, *brunchs*, actos folklóricos, reuniones religiosas o de colectividades.

Esta clasificación no es estricta y tiende más bien a establecer un ordenamiento que nos facilite el tratamiento genérico de las distintas situaciones. Debe considerarse así el espíritu del evento, sus objetivos, sus características, el escenario donde transcurrirá, el tiempo de preparación y de desarrollo, para encarar su planificación.

## TIPOS DE EVENTOS

- ACTOS CULTURALES
- BECAS Y CONCURSOS
- CONFERENCIAS DE PRENSA

- CONFERENCIAS
- CURSOS, JORNADAS, SEMINARIOS, CONGRESOS
- DESAYUNOS DE TRABAJO
- DESFILES DE MODA Y SHOWROOMS
- ENTREGAS DE PREMIOS
- ESPECTÁCULOS
- FERIAS Y EXPOSICIONES
- HOMENAJES
- INAUGURACIONES
- LANZAMIENTOS DE PRODUCTOS
- MEGAEVENTOS
- PRESENTACIONES DE LIBROS
- POW WOW ( término aplicado al turismo)
- TIANGUIS (ídem)
- VERNISSAGES
- WORKSHOPS

**Eventos sociales**: aquellos que reúnen a un determinado números de personas y cuya trascendencia en la mayoría de los casos no va más allá de los límites de quienes fueron invitados. Generalmente son de carácter festivo.

**Eventos culturales, académicos, formativos**: la comunicación se da en forma de transmisión de mensajes que tienden a enriquecer el aspecto cultural de quienes participan.

**Eventos deportivos**: aquellos en donde se desarrollan competencias, tienen que ver con el desarrollo del espíritu deportivo, con el culto del cuerpo y sus aptitudes físicas.

Para clarificar más esta división, podemos hablar de familias de eventos, por un lado los rígidos, estructurados, que se basan en una programación formal, y por el otro los que exigen creatividad, originalidad, o sea flexibles, utilizando técnicas teatrales, impactos visuales, emocionales, apelando a la sensibilidad, a los sentimientos.

Y si analizamos esos sentimientos que a su vez provienen de los sentidos, conociendo la raíz de los mismos, podremos apelar a los diferentes recursos.

Pongamos los ejemplos correspondientes:

## LA VISTA

Entramos a un auditorio para el plenario de un congreso, ya la ubicación de las banderas, el orden en el estrado, las plantas ornamentales, alfombras, el podio, la iluminación dirigida, o los carteles en el estrado con el nombre de los disertantes, a veces un telón "de boca", escudos, una proyección permanente o fija, aunados con el tipo de butacas, generalmente de paño aterciopelado , cuero o pana, crean un marco formal, a veces austero, de seriedad, todo nos está indicando que allí ocurrirá algo, con determinado nivel y características.

En otra circunstancia, entramos a un salón donde se desarrollará un desfile de modas, y los colores de la pasarela, juego de luces, carteles de los sponsor, anunciantes, decoración o escenografía, nos predisponen a vivir otro tipo de situación.

Si hablamos de la ambientación del salón para un casamiento u otro tipo de reunión social, en algunos casos cascadas de agua, hamacas forradas en gasas y flores, gigantografías o, en este momento tan de moda, el marco de fondo de un dibujo de la muralla china, un camino por donde hacen su aparición los novios, la ubicación de globos, guirnaldas, faroles antiguos, candelabros son una fiesta para la vista.

Pero debemos ser cuidadosos, ya que también podemos agredir a nuestra vista con la desarmonía visual. Colores, carteles, elementos superpuestos, mezclados en un aquelarre, aunque sea a nivel inconsciente molesta, perturba. Algún día se tendrá más en cuenta esto, a veces en ferias y exposiciones, lo que de una forma puede interpretarse como libertad de expresión para cada expositor, en caso de que no se fijen pautas de señalización normalizada, determinadas alturas, criterios para cada stand, termina siendo una torre de Babel de la que nadie sale beneficiado, muy difícil unificar el gusto, mejor dicho el buen gusto, de cada uno.

En otros casos sorprenderemos con decoraciones específicas, escenográficas, como puede ser un evento temático, basado en una idea rectora.

## EL GUSTO

En realidad, en casi todos los eventos hay un servicio de comida, son muy pocas las reuniones en las que no se ofrezca algo de beber o comer o ambas cosas. Podemos citar las ofrendas florales en una plaza, algunos actos políticos, las honras fúnebres, conferencias, algún otro evento de estas características.

En otras circunstancias por el contrario, todo se centra alrededor de la comida, o casi, hablemos de fiestas de todo tipo, lógicamente desayunos de trabajo, casamientos, seminarios (aunque sea un café en el receso), en aniversarios, o presentaciones de libros, inauguraciones y tantos más.

Acá tenemos que analizar muy bien qué infraestructura nos ofrece la sede elegida, mobiliario, accesos, heladeras, cocinas, vajilla, hornos.

Habrá que definir en la etapa de planeación si hay posibilidad de utilizar mesas y lugares para que se sienten todos los invitados, o si estarán siempre de pie.

Un error muy habitual es realizar eventos en los que se sirven comidas y bebidas, no hay mesas de apoyo, están todos de pie o no hay suficiente sillas y sillones, lo que crea incomodidad.

El cansancio puede atentar con el mejor evento.

He sufrido en varias oportunidades, viendo como se deterioran pisos, alfombras, tapizados porque los invitados terminan apoyando las copas, platos en cualquier lado.

Gran dolor me causo ver el Salón Dorado del Teatro Colón, lleno de corchos de botellas, servilletas de papel y restos de comida al finalizar la cena ofrecida hace varios años con motivo de la transmisión de la entrega de los Oscar, desde esa sala.

¿Cómo no pensaron los organizadores o los responsables del servicio gastronómico que había que recoger los residuos, limpiar todo pero principalmente proteger ese tesoro? Lamentablemente irrecuperable.

Hace pocos meses concurrí a la fiesta de aniversario de la independencia de un determinado país, y, en este caso los invitados, después de buscar infructuosamente dónde depositar platos y copas los apoyaban sobre las molduras de la pared o directamente en el piso. Ese maravilloso parquet francés, que se estropea con los tacos altos y finos, de nosotras, las mujeres, en algunos casos hasta con restos de comida.

A esta situación precisa se sumó un agravante: en el intervalo, en medio de las galas de embajadores, invitados especiales, hombres uniformados luciendo sus impecables trajes de gala, desarmaron las mesas debiendo los invitados apoyarse contra las paredes de los pasillos y el foyer del Teatro Colón para nos ser atropellados por los carros y carretillas de transporte, que lástima.

¡Qué mala imagen dimos además de no cuidar nuestras maravillas…!

Otra gran pena sufrí en el Museo de Bellas Artes, durante un *vernissage*, el único lugar de apoyo era… el pie o la base de algunas estatuas o el vidrio de las vitrinas que contienen nuestros tesoros.

No es en afán de crítica, hay muchas situaciones en las que se sirve y cuidan todos estos detalles, pero es responsabilidad tanto de quien tiene a su cargo el servicio gastronómico como del organizador, o el dueño de casa.

Entonces analicemos a conciencia qué se puede servir, si todos podrán sentarse, si los accesos a las cocinas son cómodos, prácticos, si podemos dar cabida a determinada cantidad de personas y como podrán ubicarse y comer sin dañar a nadie ni a nada.

## EL OÍDO

Así como es agradable escuchar una melodía, con el volumen adecuado al ser humano, lo mismo es desagradable y daña enormemente y afecta de una manera impensada el volumen excesivo o los ruidos denominados molestos, los acoples, las estridencias.

El tono de voz de un disertante puede movilizarnos, sensibilizarnos, motivarnos o... dormirnos, aburrirnos, darnos sopor.

Hay que prestar atención, pensar también que no es lo mismo un salón vacío que alfombrado, con cortinados pesados y lleno de gente. La acústica cambia radicalmente.

La mal llamada música "de fondo" o música ambiental, muchas veces se transforma en el centro de atención y el personaje principal de un evento.

Puede ser que en una reunión se ofrezca un espectáculo al finalizar la comida, pero se pone el volumen a tal nivel que no se puede conversar. Es una lástima, porque se pierde la posibilidad del encuentro. Es lógico que durante el show sea necesario elevar el volumen, pero, la música a determinados decibeles, el normal ruido del servicio, el sonido de las voces además de algún llamado o grito inesperado, aunque no le estemos prestando demasiada atención produce una gran molestia y desagrado.

Por otro lado, sobre todo cuando hay interpretación simultánea, durante las largas horas de un congreso, lo ideal es que sea un hombre y una mujer para evitar la monotonía de las voces o la forma de hablar.

En ámbitos muy asépticos, donde no se puede acallar el sonido por construcciones de cemento, mármol, vidrio, etc., se puede crear una buena acústica con elementos que absorban los ruidos, como colocar paneles de goma espuma o material similar debajo de la tabla de las mesas. Estos elementos están ocultos a la vista, y no influyen sobre la decoración o estilo del lugar.

Además el sonido ayuda a crear climas, marcar el inicio o finalización de algo, llama la atención, induce al silencio o por el contrario a enfervorizar o motivar aplausos. Por algo decimos de ciertas personas o de los profesionales mismos, tiene voz de locutor... o tiene voz sensual.

Una voz estridente, puede echar por tierra todo un trabajo de motivación.

## EL OLFATO

Es algo que nos llega involuntariamente, así también como el sonido, es verdad que podríamos taparnos los oídos con las manos, pero a nadie se le ocurriría ir a una reunión provisto de tapones... pues si no queremos mirar, cerramos los ojos o desviamos la mirada, si no deseamos comer, cerramos la boca. Si rechazamos olores desagradables, es más complicado, por lo que el organizador deberá verificar siempre que no llegue al invitado, público o participante el olor de frituras, o de comidas fuertemente preparadas que impregnan el recinto y la ropa de las personas.

Por el contrario, si queremos señalizar o atraer hacia el lugar de la comida, no tenemos más que poner a cocinar algo...

Hoy se trabaja mucho con aromaterapia para armonizar, para que resulte más agradable el ámbito.

## EL TACTO

Qué placer da tocar una copa de champagne o de vino blanco y sentir su temperatura, a la inversa, en un día frío, tocar con las dos manos una taza de chocolate o café caliente, ya nos reconforta el espíritu.

Además cuidamos la textura de manteles, servilletas, la morbidad del raso que cubre una silla, o una cortina espesa de terciopelo nos mueve a tocarla...

## EVENTOS MOTIVACIONALES

Cada vez más las empresas se preocupan por ofrecer a sus empleados o futuros empleados la motivación ya sea para la pertenencia, la fuerza de ventas, el ponerse la camiseta de la empresa, el hacer de su trabajo un fin en sí mismo logrando la satisfacción de su realización personal, el cumplir con los objetivos de la empresa y a su vez tener una seguridad en su trabajo.

Para ello hay empresas especializadas en esta actividad, algunas directamente realizadas por los OPE (Organizador Profesional de

Eventos y Exposiciones), otras con el apoyo de especialistas en comunicación, relaciones públicas, marketing, psicólogos que buscan aunar y cumplir con todos los objetivos.

### *¿Cómo es la dinámica?*

Primero detectando el objetivo, sabiendo muy bien adónde nos dirigimos y adónde queremos llegar. A veces estas actividades se realizan en las mismas empresas o instituciones, en otros casos se busca un sitio totalmente distinto, otros ámbitos, lugares, ciudades o incluso se trasladan a otro país.

***¿Qué se busca con este objetivo?*** Motivación o incentivos.

**A quiénes motivar**: fuerzas de venta, propias o independientes, distribuidores, mayoristas, representantes, personal de otras áreas de la empresa.

**Objetivos:** incrementar ventas, fidelización del cliente, generar mayores compromisos con distribuidores, mejorar, incorporar o cambiar hábitos.

**Ventajas y beneficios:** son eventos flexibles. Están hechos a medida de acuerdo con las necesidades de cada empresa. Son focalizados. Se pueden realizar con el sistema "llave en mano".

Cualquier empresa tiene que ofrecer un momento único, pero el incentivo lleva esta noción al extremo: como premio a los mejores empleados o clientes de la empresa, conseguir experimentar el valor de incentivo tiene que ver con una motivación que empuje a los profesionales de la empresa durante todo el año.

Pero ya no es suficiente sólo el lujo, el turismo. Con mayor frecuencia el incentivo exitoso supone ofrecer vivencias excepcionales que cumplan un objetivo de comunicación empresarial, siguiendo un concepto creativo claro. El incentivo es cada vez más una acción laboral de comunicación, menos de turismo solamente.

*¿Qué es lo que hace la motivación? ¿La motivación es una ciencia compleja sobre la que se investiga desde el siglo XIX?* Principales factores que hacen a la motivación:

• Cultura de la empresa en eventos *team-building*.
• La cultura no se transmite sólo con teoría ni ejemplos sino que se vivencia en jornadas, encuentros de arte, juegos de desafíos y superación, estrategias de capacitación, trabajo y juegos en equipo, competencias.
• Se busca la unión del grupo, la cohesión del equipo a veces con acciones culinarias, otras construyendo o desarrollando actividades deportivas, o pintando entre todos un mural o una escultura.

*Eventos Magazine, julio/ agosto 18-07-08*
Incentivos: del viaje turístico… al viaje comunicativo… cenar con… conducir un tanque… o incluso volar al espacio.
Si hay un evento que permite al invitado experimentar algo realmente único, es el incentivo. ¿Qué se busca? Propiciar las relaciones interpersonales entre empleados, directivos, a veces incluyendo proveedores y clientes, contribuyendo con la motivación del trabajador a fin de producir mayor efectividad.
El reconocimiento: la valorización, la diversión, el ejemplo, el liderazgo, la integración, el optimismo, la seguridad.


## EVENTOS POLÍTICOS

Los eventos políticos más característicos:

• Abiertos puntuales: puestos callejeros.
• Abiertos generales: concentración (en una plaza, etc.).
• Abiertos móviles:
  • manifestación callejera.
  • desfile proselitista.
• Cerrados generales: mitin interno.

El organizador debe definir, por escrito, las consignas y directivas, estableciendo estrictamente quién será el responsable partidario de darle instrucciones, así como el contacto con la prensa. Por la índole de lo cambiante y difusa que es la estructura de un partido político esto deberá quedar perfectamente aclarado.

Igualmente se deberán estipular los aranceles, el origen, para determinar las fuentes o su legitimidad y hasta los seguros por accidentes u otros motivos siempre complejos en caso de disturbios callejeros.

En los eventos políticos abiertos resultan fundamentales los motivos de atracción pública (desde los escenográficos hasta los que se basan en figuras o conjuntos del espectáculo y con fuerte convocatoria).

También son importantes los mensajes a transmitir (lemas o *slogans*) con su identificación por medio de imágenes gráficas o simbólicas.

Obviamente, al tratarse de reuniones con gran concurrencia de público y en donde pueden presentarse imponderables (hasta de origen extrapartidario o por oscuros designios) importa atender los aspectos de seguridad en las personas y cosas. En cuanto al organizador del evento, tendrá que ser precavido y deslindar sus responsabilidades legales respecto de los problemas ajenos a su función.

Para evitar incidentes durante los actos se tendrán que coordinar previamente con los responsables de los distintos sectores intervinientes las características y la presentación de pancartas y letreros de mayor tamaño, evitando así que interfieran en su desarrollo.

Si en los puestos fijos se utilizan gigantografías o elementos que puedan molestar a los vecinos o crear trastornos en la vía pública, esto deberá ser tratado previamente con los interesados. Si durante una manifestación callejera se emplean elementos de pirotecnia, habría que verificar que quienes los manipulen tengan suficiente experiencia y que se prevea no causar daños a las personas o al vecindario.

Los vehículos que integren un desfile deberán pasar por un adecuado control y establecer quiénes serán sus responsables en caso de accidentes incluyendo los carrozados especiales (como los que trasladan a los candidatos, autoridades, etc.).

Muy importante será atender los aspectos de protocolo político, pautarlos y comunicarlos previamente para evitar problemas durante la realización del acto, definir las precedencias, las jerarquías, indicar el orden de quienes ascenderán al palco o vehículo principal y su ubicación con respecto a la figura o figuras principales, así como el momento de hablar y la extensión de sus discursos, si es que debieran hacer uso de la palabra.

En cuanto a la vestimenta se evitará el uso de prendas demasiado llamativas o discordantes (salvo en la figura principal, si así lo decidiera).

También se prestará especial atención a la distribución de volantes, gráficos y otros recursos de difusión (altavoces, bombos u otros instrumentos), los que deberían ser autorizados previamente.

Será importante establecer una comunicación directa (inmediata y permanente) con los organismos de seguridad (policía, médico-asistencial, sanitarios, bomberos).

Creo se hace necesario destacar, reitero, sobre todo en plena época de elecciones y de manifestaciones políticas, campañas, protestas, presentaciones, cómo este campo requiere una adecuada preparación. Cada candidato o dirigente en función, tiene un perfil definido y su evento debe ser acorde para lograr su objetivo…

Algunos de los puntos que figuran a continuación los he tomado de mi libro *Imagen Personal, Profesional y Corporativa.*

## ASESORAMIENTO Y POLÍTICA

Los políticos fueron unos de los primeros en tomar conciencia de que otro los mira de afuera, y sabiendo a qué público deseaban llegar, lo que se traduce en a quiénes querían conquistar para su partido, buscaron a profesionales, asesores de imagen que les ayudasen e indicaran qué tipo de eventos debían organizar o a cuáles asistir.

## ORATORIA POLÍTICA

Palabras del asesor de Mitterrand, del libro La Palabra de Dios...

*Los discursos:*

*La forma típica del discurso de Mitterrand cuando necesita convencer y movilizar a la* **acción** *se desarrolla en dos tiempos, cada uno con tres puntos.*

*Primer tiempo, es lo que corresponde a la razón, lo más* **terrenal y concreto**:

*1° Responder, lo he comprendido.*

*2° Exponer, las cosas no son tan simples.*

*3° Reconfirmar, reasegurar, yo cumplo siempre con lo que digo.*

*Segundo tiempo, despegar, es el momento de la* **pasión:**

*1° Amar, no se deje llevar por comentarios, odios, rencores.*

*2° Soñar, a ese precio los haré llegar más lejos, más alto.*

*3° Partir, Actuar: Tomémonos de la mano y echemos a andar, nada puede hacerse sin nosotros.*

Esta es una pequeña obra de retórica, las mejores campañas publicitarias no aspiran más que a mantener este esquema. La televisualización de la política es un lenguaje facial: las muecas, las sonrisas, el fruncimiento de las cejas, las inclinaciones de cabeza conforman un discurso visual. Nos dicen mucho más de quien habla que las palabras que emplea.

La oratoria política es el género que más transformaciones recibe según las épocas, el auditorio y las circunstancias, y por lo mismo la que goza de una mayor libertad de forma y la que menos puede sujetarse a reglas.

El carácter apasionado de la oratoria política se manifiesta más evidentemente en los encarnizados combates de los partidos y en las graves cuestiones de cuya resolución dependen la dignidad o la vida de las naciones, pues nunca es más difícil, variable e inconstante el público que en las asambleas políticas.

La oratoria política exige conocimientos vastos y profundos, y más en los tiempos en que la ilustración y cultura se encuentran extendidas. Además de un perfecto estudio de las cuestiones de política general y conocimientos técnicos en las diversas y complicadas ramas de las ciencias administrativas, el orador político debe conocer a fondo la historia, el modo de ser y sentir del pueblo al que se dirige la palabra.

La historia por tanto, cumple un factor determinante en la oratoria política, ya que el orador que fragüe planes para el porvenir, debe fundar su experiencia en la segura escuela de lo pasado.

No siempre el mejor discurso político es el que se prepara con mucho tiempo. Frecuentemente es en las rectificaciones, o sea en los discursos que apenas han sido objeto de preparación, verdaderas improvisaciones en que se contesta y refutan las afirmaciones del contrario, donde lucen con mayor brillo las cualidades del orador.

Sí es necesaria la preparación, el conocimiento del problema, tener claro el mensaje que se quiere transmitir, pero no es conveniente estructurarlo de tal manera que sea leído textualmente. El discurso político debe caracterizarse por la espontaneidad del orador.

La elocución varía mucho según el auditorio, pues tendrá que revestir formas templadas si se dirige a una asamblea de personas respetables, por ejemplo en el Senado; mas necesitará mayor vehemencia y fogosidad si se trata de un tribuno que se dirige a masas populares.

La oratoria política puede dividirse en varios géneros:

**Oratoria parlamentaria**: discursos que se pronuncian en las Cámaras para formar y discutir leyes, y censurar o defender la conducta de los gobernantes.

**Oratoria popular**: discursos dirigidos al pueblo para formar o dirigir su conciencia política, ilustrándose acerca de sus derechos y encauzando sus voluntades para conseguir el completo reconocimiento de éstos; claro es que hablamos en el supuesto de tratarse de un orador honrado.

**Oratoria periodística**: se refiere a los artículos periodísticos que adoptan formas completamente oratorias, por ejemplo, los artículos de fondo que solían y suelen caracterizar a parte de la prensa española.

**Oratoria militar**: discursos o arengas pronunciados por los generales o caudillos en momentos críticos para exaltar el ánimo de los soldados con palabras enérgicas, sin artificio alguno, y dejando que el corazón hable en lugar de los labios. Tiene por objeto animar a las tropas, enardecerlas para el combate o felicitarlas por la victoria, o también instruirlas en algún asunto, e inclusive en ocasiones contener sus ímpetus y reprenderlas.

En otros capítulos continuaremos analizando las características de otros eventos.

## UN POCO DE HISTORIA

Una añeja postal.

Buscando en la biblioteca del Congreso Nacional y leyendo "Todo es historia", "Atlántida" y "Caras y Caretas", y diarios y revistas de los años veinte, encontré algunas crónicas y datos muy curiosos sobre eventos del pasado o de los comienzos de siglo. Sin pretender con esto hacer historia sino mostrarlas como valiosas anécdotas, veo que entre otras muchas noticias de la época figuran los conciertos del Círculo Italiano, los banquetes del Club Ciclístico, los Concursos Hípicos en la Exposición Rural o el original "Fancy Bal" ofrecido por la marquesa de Beauchesne en honor de un ministro japonés.

Se destacan las actuaciones de la Banda Municipal en la Sociedad Rural donde también se realiza una "demostración de ejercicios físicos", organizada por el Consejo Nacional de Educación con 5000 participantes y hasta hubo una singular Exposición Municipal de "productos falsificados" el 5 de mayo de 1921 ¿Cómo sería hacerla hoy?

Típico de las costumbres en ciertos niveles sociales fue una fiesta infantil "con reparto de ropas a los niños pobres" en la estancia del diputado nacional Dr. Marcial Quiroga. Y ya por entonces la Editorial Atlántida realizó el 10 de febrero de 1921 una matinée infantil patrocinada por la revista Billiken. Hablando de niños, hubo una fiesta a beneficio de los huérfanos militares que se efectuó en el Tigre Hotel y el programa preveía "almuerzos a bordo de vaporcitos y lanchas y paseos por los riachos" y un posterior "baile en las pintorescas inmediaciones."

Por la importancia de su concurrencia en los diarios se anunciaban los banquetes como el masónico de la logia Albarellos, y las comidas ofrecidas a José Ingenieros y a Belisario Roldán en la Confitería del Águila de Santa Fe y Callao.

También las noticias de los años veinte informaban sobre celebraciones "novedosas y concurridas" como la Fiesta del Árbol en el campo de ejercicios físicos de la ciudad bonaerense de Dolores. Registro gráfico de esos años es la foto de la sección Sociales de un matutino que muestra una "Fiesta infantil", con los niños amigos del pequeño homenajeado y el personal doméstico uniformado, todos rígidamente instalados a ambos lados de la cabecera de la mesa.

Hay muchas más referencias de reuniones sociales que de eventos empresariales.

Podríamos decir que a partir de los años cincuenta con la valorización de las Relaciones Públicas y destacando la imagen institucional de las empresas y su preocupación por vincularlas con la comunidad, "el evento" toma fuerza. Por un lado la difusión periodística ofrece otra fuente de interés para los lectores al hacer que los eventos trasciendan y lleguen a otras esferas, multiplicando los objetivos propuestos por organizadores y clientes.

Este es un fenómeno social que va gestándose a partir de los años setenta y que sigue en notable aumento hasta nuestros días, teniendo una proyección a futuro en auge por los resultados que se obtienen.

## Félix Luna y su breve semblanza

*Fue en una apacible habitación poblada de libros que da por una ventana a un jardín con plantas y flores (me parecía mentira estar en Reconquista y Viamonte). Transcurrió en la semipenumbra de una mañana soleada del fin de verano porteño —entre llamadas telefónicas y requerimientos de su hija Felicitas— que me recibió amablemente este hombre, un sabio de nuestra historia. Un poco sorprendido por el tema que le propuse, rememoró para mí un Buenos Aires en el que coexistieron elegantes damas nativas con capturados y seducidos soldados ingleses.*

*Allí, con mi grabador en marcha me costó hacerle preguntas. Me inspiraba mucho respeto, me emocionó, y dejé que soltara su memoria, sin interrumpirlo.*

*Me fui, atesorando su palabra y su voz.*

*Gracias, Señor Félix Luna. En la Santísima Ciudad de los Buenos Ayres, 14 de Marzo de 1996.*

## El *savoir faire* de las damas porteñas

En el Río de la Plata ha habido siempre una intensa vida social, no solamente en Buenos Aires sino también en el interior. En el siglo pasado las reuniones eran de índole familiar, organizadas modestamente, con tertulias más o menos importantes. En todas las casas de cierta relevancia había una tarima o estrado (que describe Sarmiento en *Recuerdos de provincia*), las señoras se sentaban o se recostaban y atendían allí a los invitados que venían a sus tertulias.

Los guerreros ingleses que estuvieron en Buenos Aires en el siglo pasado, algunos apresados tras sus frustradas invasiones y otros en visitas posteriores, relataron con admiración los bailes y las reuniones a las que eran invitados y comentaban el *savoir faire* con que las damas recibían a los extranjeros que pasaban por Buenos Aires. Después, poco a poco se fue institucionalizando este tipo de cosas y así, actualmente, ya las reuniones de muchos invitados no se hacen en las casas, que son más chicas, sino que se desarrollan en lugares alquilados especialmente y donde actúa toda una organización de servicios y hasta una *red de invitaciones*. Ya no se invita sólo a los íntimos del festejado, sino a más gente y por otros intereses, no solamente los familiares o de afecto. También hubo otras costumbres que se fueron perdiendo, como la de *los días de recibo,* que eran fechas fijas para reuniones, luego de las cuales se mandaban tarjetas de agradecimiento.

En cuanto a salones de fiesta, entre otros, estaba el Prince George Hall, era un recinto de baile como sería hoy el salón La Argentina, y tanto se realizaban en él todo tipo de eventos como también servía para reuniones políticas. El Palais de Glace y el Teatro Colón, en menor escala, eran otros lugares muy solicitados.

Pero también se hacía política en algunas reuniones sociales. Es sabido de una batalla que se festejó con una gran fiesta. Para la visita de la Infanta Isabel con motivo del Centenario, se hicieron fiestas, grandes agasajos en casas de familias de gran relevancia social. También por aquellos años se realizaron fiestas en el Círculo Militar y el Centro Naval, o hacia las afueras, en el Tigre Hotel. Otros grandes hoteles como el City o el Castelar fueron sede de reuniones muy importantes, al igual que confiterías tradicionales como la del Molino, la Ideal y la Del Gas.

## OBJETIVOS DEL EVENTO

Primero diría que hay que conocer muy bien el objetivo del evento, y en base a ello comenzar el proceso de su desarrollo. Los objetivos a veces están entrelazados entre sí, otras son subyacentes. Ampliaré los alcances de lo que comentaba en la primera edición.

Objetivos:

- ECONÓMICOS
- INSTITUCIONALES
- POLÍTICOS
- BENÉFICOS

Los más significativos pueden ser de orden social, empresarial, institucional, promocional, como una estrategia de marketing directo.

Si la finalidad es económica puede ser para sí o para terceros, como en el caso de los eventos a beneficio de una entidad.

A veces sucede que se hacen con objetivos claros y definidos y otras subyacentes que no son de conocimiento para todos los integrantes del grupo organizador. Así ocurre con algunos eventos de carácter político, institucional o de lanzamientos comerciales y publicitarios, en donde la reserva de los móviles definitivos hace que apenas un número muy mínimo (cuando no una sola persona, la principal y responsable) tenga conocimiento exacto de sus alcances definitivos. En este caso no es conveniente que estos propósitos se hagan públicos en una mesa organizadora donde la cantidad de participantes de cada área no permite asegurar el secreto de todos los temas.

Aquí es donde el organizador deberá utilizar sus dotes profesionales y humanas para aquilatar quién o quienes son los depositarios de la idea oculta. Con ellos tendrá que establecer entrevistas reservadas que le posibiliten lograr los alcances del proyecto y evitarle desgastadores tanteos cuyos lineamientos no respondan a la verdadera finalidad de aquellos que son los reales motores del evento.

Por eso, el trabajo inmediato será conocer bien al cliente y si se trata de un grupo empresario, saber quién es el verdadero impulsor del proyecto. Aquí también habrá que conocer a la entidad o persona contratante, su espíritu, el mensaje y el estilo que desea darle (o que definiremos o clarifiquemos nosotros), y esto nos llevará automáticamente al segundo paso dentro de esta etapa, que es el de cómo llegar al público (cuando así se desee).

Ante estos dos protagonistas, cliente y participantes, también deberá quedar claramente definido —si es que ya no lo está— el responsable de organizar el evento, particularmente en lo que hará a la modalidad del trabajo a cumplir. Podrá ser un operador independiente o ser designado para realizarlo. Si se desempeña dentro de una empresa u organismo estatal o privado.

Una vez definido el objetivo será primordial calcular los tiempos en que ese evento debe realizarse, teniendo en cuenta que los objetivos podrán tener corto, medio o largo plazo. Y en este punto tendrá importancia el tiempo previo de preparación, que dependerá del tipo y propósitos del evento.

Como ejemplos de lo enunciado pueden citarse entre los objetivos económicos con un rédito a corto plazo la realización de exposiciones o ferias con entrada paga, la fiesta para reunir fondos destinados a una escuela u hospital, o un recital musical donde las recaudaciones se hacen en el mismo día del evento. Mientras que en la presentación de productos, inauguraciones comerciales o lanzamiento de libros los réditos económicos se irán dando con el tiempo.

Otro caso es tener en claro la diferencia entre el acto de un partido político, donde tienen una verdadera importancia el escenario y el tipo de mensaje —que no serán los mismos en una villa de emergencia que ante un grupo de empresarios—, la inauguración de un restaurante en Puerto Madero o un nuevo balneario en Punta del Este. Aquí el mensaje estará directamente relacionado con el entorno donde se lo dice y los receptores.

Respecto de los protagonistas será diferente un evento gratuito al aire libre donde todos están de pie o sentados en el césped, que uno realizado en un hotel de categoría con mesa y lugar adjudicados, o un desfile en las escalinatas del Monumento a la Bandera de Rosario, con participantes ceñidos a directivas rígidas.

Se debe tener una clara idea de lo que se pretende lograr cumpliendo las premisas de las estrategias de marketing.

## EL MARKETING DE UNA ORGANIZACIÓN DE EVENTOS

Se considera marketing al conjunto de técnicas utilizadas para la comercialización y distribución de un producto o servicio entre los diferentes consumidores.

El productor debe intentar diseñar y producir bienes de consumo que satisfagan las necesidades del consumidor. Con el fin de descubrir cuáles son éstas se utilizan los conocimientos del marketing.

El Análisis de un Mercado y sus necesidades, la determinación del Producto adecuado, sus Características y Precio, la Selección de un Segmento dentro del mismo, y cómo comunicar nuestro Mensaje y la logística de la Distribución del producto o servicio, son parte del arte conocido como Comercialización, Mercadeo o Marketing.

Es corriente que por **mercadeo** se entienda **ventas**, aunque son dos conceptos diferentes. La explicación de la evolución histórica del mercadeo, aclarará cualquier posible confusión en ambos términos.

La definición de Jay C. Levinson sobre Mercadeo hace referencia a la oferta de un **servicio**:

*Mercadeo es todo lo que se haga para promover una actividad, desde el momento que se concibe la idea, hasta el momento que los clientes comienzan a adquirir el producto o servicio en una base regular. Las palabras claves en esta definición son todo y base regular.* Jay C. Levinson, 1985.


## MARKETING APLICADO

Estos son los principales elementos o aspectos a tener en cuenta:

OBJETIVOS
- El Organizador de Eventos deberá discriminar claramente el objetivo deseado frente a cada cliente.
- De ser necesario pensará en varios.

REQUISITOS DEL CLIENTE
- Indicar las necesidades de quien eventualmente nos contrate.

- Confirmar las necesidades si no está seguro a través de una nueva entrevista.

## SATISFACCIÓN DE LAS NECESIDADES
- Descripción del Evento y sus ventajas.
- Enumerar las características del servicio y cómo responde a una necesidad o resuelve un problema específico.

## ANÁLISIS DE COSTOS
- Hacer notar las ventajas económicas para el cliente.
- Comparar las ventajas en relación con el costo del producto y los de la competencia.

## NUESTROS PUNTOS FUERTES
- Definir la ventaja competitiva más destacada.
- Enumerar los distintos aspectos positivos del producto o servicio.

## VENTAJAS CLAVE
- Resumir las ventajas clave que proporciona el producto, servicio o idea que se está presentando.

## PASOS SIGUIENTES...
- Lograr el compromiso firme del cliente.
- Ofrecer un beneficio extra.
- Enlace con futuros eventos.

Para ello es fundamental conocer las *Características del contexto actual:*
- Nuevo cuidado y conciencia por el medio ambiente.
- Las mujeres en el liderazgo.
- Estilo global y regionalismo cultural.
- Lo económico trasciende lo político.
- Libre comercio mundial.

• Relevancia del individuo.
• Renacimiento de las artes.
• Desarrollo de microbiología.
• Sofisticación de las telecomunicaciones.
• Contención de inflación e interés.
• Estallido del consumismo asiático
• Progreso de la democracia.
• Expansión de la libre empresa.

Entonces estamos en condiciones de analizar las singularidades de nuestro servicio de organización de eventos, ya que se trata de una actividad intangible que utiliza elementos tangibles, que realiza transacciones de mercado habituales que no están asociadas a operaciones de bienes tangibles.

Por lo tanto nuestro servicio es intangible, perecible, tiene una demanda fluctuante, es único y heterogéneo.

Asimismo, las leyes del mercado de servicio requieren mayor lealtad, más beneficio unitario por cada nuevo consumidor, mix de servicios, búsqueda de una atención extra, la no asociación entre costo y precio de venta y valoración de la imagen de la empresa.

Posicionar correctamente un servicio en el mercado consiste en hacerlo más deseable, compatible, aceptable y relevante para el segmento meta, diferenciándolo del ofrecido por la competencia; es decir, ofrecer un servicio que sea efectivamente percibido como **único** por los clientes.

Un servicio, al estar bien posicionado, logra que el segmento elegido lo identifique perfectamente con una serie de deseos y necesidades en su propia escala de valores, haciendo que el grado de interés por el mismo sea mayor y más fuerte respecto de los ofrecidos por los competidores.

### El plan de marketing
Debe considerar el tipo de servicio, la distribución, la comunicación, la venta personal y el precio. También el entorno comercial

y sus consecuencias, así como las necesidades y ventajas que ofrece el mercado.

Entorno Comercial
- •Oferta de Bienes y Servicios abundante, mayor que la demanda.
- • Globalización. Mayor competencia.
- • Conocimiento, Capacidad e Información similares.
- • Detección de nuevas necesidades.

Consecuencias
- • Similitud de servicios.
- • Similitud en los precios.

Necesidades y Ventajas
- • Rendimiento
- • Flexibilidad
- • Sencillez – Costos bajos
- • Fiabilidad
- • Seguridad
- • Prestigio

**Carta de presentación**

Considera el Contexto (mercado para la organización de eventos), describe el conocimiento del cliente, sus productos/servicios, presenta al organizador de eventos y sus logros, ofrece servicios y solicita una entrevista.

Para elaborarla, debemos considerar las siguientes preguntas:
- • ¿Quiénes somos?
- • ¿Qué hemos hecho? = logros
- • ¿En qué nos diferenciamos?
- • ¿Cuál es nuestra ventaja competitiva?

Hoy se busca el valor agregado, por eso se requiere: elección del objetivo y planificación del servicio.

**Nuestro servicio debe ofrecer:**
- Algo nuevo.
- Algo igual pero desarrollado con menos recursos (ahorro).
  o dar más con menos (aumentar beneficios).
- Simplificar o facilitar las tareas.
- Solución a situaciones difíciles sin incremento de tiempo, energía o dinero.

**Se analizará:** ¿Qué tenemos? ¿Qué nos falta? ¿Qué queremos alcanzar y con qué contamos?

Para definir el servicio a presentar, se necesita tener autoconocimiento de la empresa y del servicio, saber cuáles son las fortalezas y debilidades personales y del servicio.

Así como también se requiere tener deseos de probar cosas nuevas, determinación, un alto grado de entusiasmo, excelente dominio de las relaciones interpersonales (evitar conflictos), y tener anticipación e iniciativa.

## EJEMPLO PARA UNA EMPRESA ORGANIZADORA DE EVENTOS SOCIALES

¿QUÉ ES?
Una empresa de Servicios de Organización de Eventos Sociales.

¿QUÉ CARACTERÍSTICAS TIENE?
Infraestructura que posee.
- Sede (propia o alquilada).
- Recursos tecnológicos (tel., fax, correo electrónico, sitio web, celulares, etc.).
- Personal de apoyo (técnico, administrativo, gastronómico, de mantenimiento).

¿QUÉ HACE?
- Provee o contrata la sede o predio.

- Proporciona servicio de catering (con o sin personal, mesas, sillas, tarimas.
- Escalinatas, escenarios, telones, mantelería (vajilla, menúes especiales, arreglos florales, etc.).
- Realiza traslados (o contrata).
- Brinda servicios de:
  - Asesoramiento personalizado.
  - Audio e iluminación.
  - Locución y animación (entretenimientos, atracciones y sorpresas).
  - Show y espectáculos.
  - Ambientación y adornos florales.
  - Cotillón y souvenirs.
  - Imprenta (invitaciones, tarjetería, diplomas, recuerdos, regalos, etc.).
  - Seguridad, limpieza y mantenimiento.

¿CÓMO FUNCIONA?
- Mantiene entrevistas personales.
- Presenta diseños.
- Acuerda presupuestos.
- Establece y fija plazos de ejecución.
- Investiga presupuestos para contratación de servicios y/o materiales.
- Entrega carpetas o material de apoyo.
- Provee demos, videos institucionales o fotografías de eventos realizados anteriormente.
- Proporciona visitas de reconocimiento.
- Facilita degustaciones.

¿PARA QUÉ SIRVE PRESTAR UN SERVICIO DE ORGANIZACIÓN DE EVENTOS?
- Resuelve problemas.
- Permite ganar tiempo.
- Ahorra costos.

- Al centralizar las tareas favorece el cumplimiento de los plazos de acuerdo al cronograma previsto.
- Permite al cliente ser el protagonista único y principal de la celebración logrando la satisfacción de ser agasajado quitando el peso de las responsabilidades.
- Al estar asesorado por especialistas se garantiza la calidad, originalidad y la posibilidad de estar a la vanguardia en celebraciones.

### ¡Vender el servicio de organización de eventos es vender BENEFICIOS!

## EL CONCEPTO DE BENEFICIO

Este concepto es un conjunto de atributos funcionales, eficaces y psicológicos.

A partir de la idea del beneficio para el **cliente** es posible definir el concepto del servicio.

La clasificación, elaboración y traducción del concepto de beneficio del cliente plantea varios problemas para quienes ofrecen sus servicios.

Los servicios ofrecidos se deben basar en las necesidades y beneficios buscados por los usuarios.

Pero los clientes pueden tener claridad o no respecto de lo que requieren, expresarse o no expresarse claramente en el enunciado de sus requerimientos. Pueden surgir dificultades debido a que no saben lo que esperan, a la inexperiencia de lo que se requiere o la inhabilidad para determinar su necesidad.

Los beneficios buscados pueden cambiar con el tiempo debido a experiencias buenas o malas, o a través de nuevas expectativas o cambios en el contexto.

Existen problemas prácticos de evaluación para los oferentes de los servicios al deducir resultados basados en el cliente sobre la importancia de los beneficios buscados, las preferencias entre ellos y los cambios en su importancia.

El punto de vista del cliente debe ser el foco central para dar forma a cualquier servicio que se va a ofrecer, ya que éste, en cierto sentido, ayuda a fabricar su propio **producto** a partir de una serie de posibilidades ofrecidas.

## AUSPICIOS PUBLICITARIOS

*Constituyen un excelente vehículo para permitir a las empresas estar presentes en una manifestación de tipo científico o cultural, como por ejemplo, los congresos.*

Las empresas buscan independizar su imagen del producto que venden contribuyendo al avance tecnológico, que mejora la calidad de vida. Por ello los congresos constituyen una excelente publicidad de imagen para canalizar su presencia institucional, logrando al mismo tiempo un estrecho contacto con el público calificado.

Para los congresos, la participación de empresas como "sponsors" tiene la ventaja de contribuir a su financiación, permitiendo de esa forma entre otras cosas:

- Invitar disertantes extranjeros mejorando el nivel académico.
- Mejorar la calidad de los servicios organizativos.
- Permitir una mayor concurrencia de participantes al bajar el arancel de inscripción.
- Permitir una mayor dedicación del Comité a los temas académicos al disminuir la incertidumbre financiera.
- Certificar la trascendencia del emprendimiento, por el sólo hecho de interesar a un sponsor.

Surge entonces que la sociedad congreso-sponsor, contribuye a lograr un emprendimiento exitoso, cumpliendo al mismo tiempo su función de vehículo transmisor de la ciencia y la cultura.

Para llevar esto a la práctica, el OPC con la anuencia del Comité, confecciona lo que se denomina Propuesta Publicitaria. Ésta consiste en elaborar una serie de alternativas de participación para las empresas, que reciben como contraprestación algún tipo de Publicidad que varía según el caso.

Recordamos que esta Propuesta Publicitaria que luego se sale a vender al listado de empresas que pudieran estar interesadas, contendrá los costos correspondientes, los del servicio a brindar más un plus fijado por el Comité. Estos precios no deben ser muy elevados, dado que la finalidad es bajar los costos del congreso.

En muchos casos, los sponsors donan los materiales o servicios en lugar de abonar el dinero fijado, pero su calidad debe ser verificada previamente.

En cuanto a los sponsors, recuerde invitar a sus principales directivos a los actos sociales. En los actos sociales se acostumbra realizar un cocktail de bienvenida y una cena de clausura, siendo ésta opcional. Incluyen un show típico, creando un ambiente pleno de cordialidad, como última imagen de un emprendimiento exitoso.

Existen otras posibilidades utilizadas en los congresos, como la visita a una estancia con asado y fiesta criolla o almuerzos privados.

**La comercialización y marketing deben considerar también:**

ATENCIÓN A LOS SPONSORS
- Palcos de empresas
- Entradas y Credenciales
- Parking
- Lugares VIP

BANNERS, ESTÁTICAS, STANDS, ETC.
- Ubicación y tamaños
- No permitidos
- Vendidos

PUBLICIDAD
- Del evento
- En canje

MERCHANDISING
- Del evento
- En venta
- De sponsors

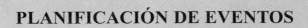

# PLANIFICACIÓN DE EVENTOS

## PLANIFICACIÓN

Se dice que el ordenamiento militar es una de las actividades humanas más completas —aunque no la más deseable— en lo que hace al proyecto y realización de un emprendimiento en el cual deben intervenir miles de hombres. Allí, entre muchos otros aspectos, se hace un planteo estratégico de largo alcance, una planificación para ejecutar tácticas en lo inmediato, y se apoya todo en una estructura de medios y recursos llamada *logística*. Pero, además, hay que prever los movimientos que hará el enemigo, también sobre la base de los mismos elementos y consideraciones.

Salvando las distancias, podría emplearse una comparación parecida para la realización de un evento. Como ya se vio, hace falta definir el objetivo a largo, mediano o corto plazo, la estrategia general para alcanzarlo, una planificación que permita aprovechar los recursos humanos y técnicos que se tengan y que posibilite la ejecución del plan previsto en el lugar y en los tiempos programados. Aunque aquí no hay enemigos mortales, sí es probable que haya competidores o críticos a los que afrontar y superar. En lugar de conquistas territoriales, los réditos podrán ser económicos o de índole más abstracta, como espirituales, políticos o culturales.

Ya establecidos los objetivos, los tiempos para alcanzarlos y organizar el evento, los propósitos del cliente, el mensaje, y cómo llegar al público o participantes determinados, entonces se tendrá una base suficiente para encarar la etapa de planificación. Además de los condicionamientos del lugar o escenario, así como del tiempo de preparación, habrá aquí que considerar algo fundamental: el presupuesto disponible. Dentro del espacio destinado a este rubro tan importante, y determinado entre los objetivos, habrá que definir si se pretende algún recupero económico y en qué plazos. La experiencia me hace recomendar para los eventos de gran magnitud el trazado de dos programas de acción, si fuera posible: uno mediato y de alcances más limitados, y otro que sea su consecuencia y de alcance más general o total.

Antes de comprometerse y comprometer a otros, con los riesgos consiguientes, convendrá así verificar en los hechos si todos los elementos y participantes funcionan bien, a la vez que se miden concretamente las reales posibilidades de realización del evento. Esto permitirá ajustar todo el mecanismo antes de pasar a la segunda etapa, a la vez que tranquilizará a todos al brindar un recíproco y positivo conocimiento de los integrantes del equipo.

En todo evento intervienen áreas similares, aunque en distinta escala, según la magnitud del proyecto. El área gastronómica, el tiempo de preparación, envío de invitaciones, la ambientación o decoración, el manejo y/o contratación del personal de servicios (propios o eventuales), las formas de transporte, estacionamiento y acceso de los participantes, los elementos de sonido o iluminación, los recursos y efectos especiales, la programación con el desarrollo de tiempos, los momentos culminantes, brindis, oradores o conductores de la reunión, los controles de acceso y distribución de participantes, la adecuada climatización y los guardarropas, serán aspectos comunes tanto a una fiesta familiar como a una muestra comercial.

Si se trata de eventos de alcance mayor, habrá que agregar la relación con la prensa, la seguridad de personas y elementos, la disposición de sectores para exposición o venta de productos, los temas de impuestos, tasas por música o autoría, así como el acuerdo con las reglamentaciones municipales y los temas ecológicos o ambientales, según se trate.

Entre tantos temas importantes, pareciera imposible pretender destacar alguno. Sin embargo, mi particular experiencia me hace recomendar especial atención a dos puntos, que parecen obvios, pero, de no cumplirse, podrían darle un tinte de fracaso al resultado final. Se trata del respeto al tiempo y la comodidad de los participantes, ya sea un grupo reducido o de miles de participantes. Para esto, la programación dedicará un renglón especial a la climatización. Una confortable estadía y permanencia, lugares protegidos del frío, el calor, la insolación, la lluvia o el viento, deberá ser complementada con el acatamiento absoluto del plan previsto que contemple no hacer sufrir cansancio, aburrimiento o pérdida de tiempo a los invitados.

Hace poco, una alumna me comentó que fue con una amiga a un ciclo de extensión cultural organizado por un conocido banco metropolitano, para asistir a una conferencia sobre un tema de su interés. Pero, cuando con evidente retraso apareció en el estrado un disertante, sus primeras palabras fueron para explicar que él no era el orador anunciado y que como no conocía el tema propuesto iba a hablar de otra cosa. Y nadie de la entidad organizadora se presentó para dar explicaciones o excusas. ¿Y el público, qué?

En cuanto al respeto por los tiempos, aunque en nuestro país es habitual que todo programa empiece a desarrollarse con media hora de atraso sobre la hora oficialmente anunciada —cosa que sorprende y espanta a los norteamericanos o japoneses, por dar un ejemplo, ya que ni llegan a concebir o aceptar algo así—, en tiempos recientes se verifica un mayor acatamiento a lo anticipado. Este desorden responde a una mala costumbre. Téngase en cuenta, si no, ¿por qué nos acostumbramos a ir al cine o teatro a la hora exacta? Pues, porque las funciones comienzan generalmente a la hora prevista y nadie quiere perderse algo importante de la trama argumental.

Eduardo Gálvez me comentó que debió asistir especialmente invitado a una reunión en la que también debía participar Diego Maradona. Pero como este conocido jugador se demoró casi dos horas en llegar, los conductores de la reunión demoraron todo este tiempo en servir la cena, afectando a casi un centenar de invitados.

Por más fama que tenga una persona no hay derecho que se haga sufrir a otros su problema de impuntualidad. El derecho de uno termina donde comienza el derecho del otro.

Para ampliar este concepto vamos a desarrollar la etapa de planificación.

## PLANIFICACIÓN DE EVENTOS

¿Qué es planificar? Es organizar algo conforme a un plan. Es la disposición general de un proyecto.

De acuerdo a las condiciones y los cambios cada vez más vertiginosos del mercado actual, ya no basta con ser un buen intuitivo. Hoy se requiere de un alto nivel de eficiencia, capacitación, información permanentemente actualizada.

Además es una actividad de un alto nivel de versatilidad que incluye tareas como relaciones públicas, administración de recursos, ambientación, manejo de grupos, supervisión general, etc. Por lo cual se requiere de una correcta planificación y organización profesional para poder competir y lograr excelencia en la calidad del servicio. Un evento que no ha sido organizado en forma profesional, si sale bien, más que nada será producto de la buena suerte.

El proceso de planificación consta de seis etapas:
• Previsión
• Planeación
• Organización
• Integración
• Dirección
• Control

## PROCESO DE PLANIFICACIÓN
ETAPA DE PREVISIÓN

**Previsión** implica la idea de anticipación de acontecimientos y situaciones futuras, sin lo cual sería imposible hacer planes y actuar. Es la base necesaria para el paso siguiente: la planeación.

Previsión es el elemento que basado en metas establecidas previamente, resultado del análisis y la investigación, determina el curso de acción óptimo a seguir.

Esto implica que en un estudio previo a la realización de un evento, disminuye el riesgo; si bien el factor de riesgo siempre existe, ya que por el número de condiciones internas y externas, más la intervención de decisiones humanas, hace que siempre esté presente. Por eso, las previsiones deben basarse en hechos, más que en opiniones subjetivas.

**Importancia de la fijación de objetivos:**

Todo evento, por grande o pequeño que sea, sea de una empresa particular, nacional, internacional, etc., tiene una razón de ser, un motivo, una causa o justificación.

La fijación de objetivos debe ser clara, pues establecerá los lineamientos a seguir.

Objetivos generales: como hemos visto anteriormente, son aquellos que están por encima de otros y que abarcan de forma más amplia los intereses fundamentales de la empresa, asociación o persona particular.

Pueden ser:

• formativos (actualización , capacitación o perfeccionamiento);
• informativos (comunicación actualizada de técnicas, conceptos, procesos);
• motivacionales (estado mental positivo hacia la empresa).

Objetivos particulares
**Para la empresa:**
– Imagen
– Mayores ingresos
– Prestigio
**Para el participante o invitado:**
– Formación y capacitación
– Interrelaciones profesionales
– Participación

Para uno y otro, los objetivos particulares marcan diferencias; pero para ambos son fundamentales. Por lo tanto, no debemos olvidar o menospreciar los objetivos particulares de los asistentes al evento.

### Análisis de situaciones previas:

**Tipo de sede**: ¿Tiene predilección o necesidad de algún tipo de sede en especial? ¿En qué se basa? ¿Puedo proponer otra sede?

**Fechas:** ¿Tiene alguna predilección o necesidad en cuanto a fechas, temporadas, etc.? ¿A qué se debe?

**Asistencia:** ¿Qué promedio de asistencia tuvo en las últimas reuniones o en similares que usted haya investigado? (Siempre que hayan sido de convocatoria abierta).

**Objetivos:** ¿Se lograron? El pasado marca ciertos lineamientos, algunos justificables y otros que se mantienen por tradición.

**Investigación presente:** de los factores internos, externos y de los recursos.

Factores internos: por ejemplo, con qué presupuesto cuenta la empresa. O por ejemplo, políticas internas de la misma (no pagan anticipos).

Factores externos: tiene que ver con los recursos necesarios para llevar adelante el proyecto. Por ej.: Análisis de la sede: ¿conviene para este tipo de evento? ¿La ubicación es accesible? ¿Cuenta con comodidad suficiente?

RRHH: ¿qué personal necesito? (Traductores, secretarias, RRPP, etc.).

Técnicos: ¿necesito computadoras, fotocopiadoras, efectos especiales, audiovisuales, etc.?

De esta investigación previa, surgirán las bases para el desarrollo adecuado del evento. Se pueden superar las acciones que hayan demostrado fallas en eventos anteriores.

Es decir, que la previsión debe establecer con claridad lo que se puede hacer

## ETAPA DE PLANEACIÓN

La determinación del camino que se tomará para lograr los objetivos señalados, se llama *Planeación*.

Planeación es el curso de acciones a seguir de modo que se establezcan: la secuencia de las operaciones para efectuarlas, la determinación de tiempos, elementos y presupuestos con qué lograrlos.

**Principios de Planeación**

Principio de Precisión: toda planeación debe ser concreta y detallada, pues regirá acciones específicas.

Principio de Flexibilidad: toda planeación debe dejar un margen de elasticidad sujeto a cambios imprevistos y fuera de control.

Principio de Unidad: se debe diseñar una planeación para cada área y coordinar todas entre sí.

**Programa o plan de trabajo:**

Para establecer el Programa de trabajo, se recomienda recurrir a los colaboradores más cercanos. Se hace un primer borrador y después se hacen las revisiones que sean necesarias. Una vez hecho esto, se reagruparán las acciones por rubro o área comprendida en el evento para que luego sean ejecutadas por el comité correspondiente.

**Presupuesto**: el paso siguiente es cuantificar económicamente lo que cada acción representará. Esto determina con la exactitud máxima posible el capital ó inversión requeridos, divididos en dos renglones principales: egresos e ingresos.

- Egresos fijos. Gastos que necesariamente se harán (alquiler sede, por ej.).
- Egresos variables: condicionados por el número final de asistentes (portafolios, carpetas, etc.).
- Presupuesto: abierto o cerrado.

• Punto de equilibrio: los ingresos compensan los egresos.

**Cronograma**: herramienta que señala la secuencia cronológica más eficaz para obtener mejores resultados.

La Planeación determinará QUÉ SE VA A HACER.
Establece las reglas y procedimiento que deberán regir durante el evento. Es la etapa más importante del proceso administrativo.

## ETAPA DE ORGANIZACIÓN
En la etapa anterior vimos que se establecen reglas y procedimientos, las acciones que se realizarán. Así como el tiempo en que se desarrollarán.
*Organización* se puede definir como la estructuración de acciones y funciones, la asignación de jerarquías para lograr los objetivos establecidos previamente con la máxima eficiencia y ahorro de RRHH, recursos materiales y económicos.

**Principios de Organización:**
Principio de Especialización: la división de acciones a desarrollar limitada por la especialización y en forma concreta, rinde mayor eficiencia y destreza.
Principio de Unidad de mando: para cada función debe existir un solo jefe o responsable. Nadie puede rendir si recibe instrucciones de más de una persona.
Principio de Equilibrio autoridad – responsabilidad: ejercer autoridad sin responsabilidad trastorna gravemente la organización.
Principio de equilibrio dirección – control: para cada nivel jerárquico deben existir los controles de dirección a fin de corregir errores, orientar acciones y en el último de los casos, limitar responsabilidad o reubicar al responsable.

La división, clasificación y agrupación de acciones a realizar para dar cumplimiento al Plan de trabajo dependen de:

- Importancia numérica de asistentes al evento (la división de funciones para un evento de 100 personas no requerirá de tanta especialización como la de un evento de 1000);
- Programa general de trabajo (no es lo mismo organizar un desayuno de trabajo que un seminario);
- RRHH disponible: ¿con cuánta gente se cuenta?. ¿Qué experiencia tienen?;
- RR Económicos: ¿qué disponibilidad económica existe para la contratación externa de recursos técnicos como RRHH?

Tener en cuenta:

- Hacer listado de todas las funciones que el Plan de trabajo contiene;
- Integrar grupos de trabajo de acuerdo a las características de las funciones del grupo.
- Definir funciones de forma clara y sencilla, especificando:

  - el trabajo que esperamos que se haga;
  - las personas de las que se debe disponer;
  - lugares en que dicho trabajo se debe ejercer.

**Organigrama**: gráfico o carta de Organización. Puede ser tan amplio como se considere necesario o sólo mostrar de forma gráfica 3 ó 4 niveles jerárquicos de mayor importancia.

Con la etapa de Organización termina la fase teórica del proceso de planificación.

Define con claridad cómo se llevará a cabo el evento, jerarquías, responsabilidades, autoridad y funciones. Se ha ideado con base en Planeación y muestra gráficamente las vinculaciones e interacción de los sub-comités.

## ETAPA DE INTEGRACIÓN

Es la primera etapa de la fase dinámica del proceso. Acá comenzamos a implementar prácticamente todo el contenido teórico.

En esta etapa se ejerce realmente la integración física de los colaboradores, quienes, en las distintas áreas se harán cargo de todas las acciones contempladas en el plan de trabajo. En Integración, se selecciona y se lleva a cabo la contratación del personal eventual que hiciera falta en caso de no contar y necesitar un grupo más numeroso del que habitualmente nos rodea. Este personal se integrará de forma organizada, siempre en pos de obtener los logros planeados al inicio.

De esta manera, se constituyen los comités y los subcomités, siguiendo los lineamientos de la etapa anterior (Organización).

Los comités se forman de diversa manera, dependiendo de la envergadura y del tipo de evento.

En el caso de un Congreso, por ej., suele haber un presidente, que generalmente es la persona de mayor jerarquía dentro de la institución convocante.

El coordinador general ejecutivo, es el OPE, quien aporta su vasta experiencia como parte integral de una asociación o de esa entidad. Es contratado externa y temporalmente, para ejercer el cargo. En él recae la responsabilidad del proceso administrativo del evento. En el caso de un Congreso o Exposición, puede integrar el Comité Ejecutivo Organizador, junto a otras personas pertenecientes a esa misma entidad.

Otra área de mucha relevancia en el caso de un Congreso es Finanzas; la misma deberá estar integrada por personas con amplios conocimientos en control financiero, preferentemente profesionales (contadores públicos). En esta área es importante tener criterio y flexibilidad para coordinar su profesionalismo con los miembros de otras áreas.

En esta etapa también se hacen las contrataciones a terceros: equipamiento técnico, agencias de viajes, empresas de traducción simultánea, etc.

**Caso concesión del evento**: Se celebra un convenio en el cual se establecen los compromisos económicos que concede la empresa por los derechos a organizar el evento. Esto libera a la empresa, asociación o entidad de muchas responsabilidades, pero, a la vez, puede ser perjudicial económicamente, pues no habrá controles de supervisión.

La Integración, que constituye la primera etapa dinámica u operativa, no debe relegarse a un segundo término.

## ETAPA DE DIRECCIÓN

Es la etapa de ejecución o actuación. Es la función ejecutiva que se ejerce mediante la delegación de autoridad y responsabilidad por medio de eficaces canales de comunicación y con una supervisión ágil y permanente para realizar de modo efectivo lo planeado.

### Principios de Dirección

Coordinación de intereses: con la habilidad y efectividad de cada comité, para que continúen subordinados al interés general establecido previamente (ningún interés personal debe ser más valorado que el general).

Principio de las vías jerárquicas: los canales jerárquicos deben ser inviolables.

Principio de resolución de conflictos: sin alterar la disciplina del grupo y con el mínimo disgusto de las partes. Los disgustos sin resolver causan incertidumbre y son un obstáculo en la coordinación.

Principio de aprovechamiento de conflictos: se debe aprovechar para aplicarlo a otros casos o áreas similares.

## ETAPA DE CONTROL

Es la etapa final del proceso. En ella la función del equipo de trabajo es la de recolectar, analizar, y comparar los datos necesarios para evaluar el logro de las metas establecidas al comienzo.

¿Qué nos permite este último paso? Medir los resultados de las distintas acciones, las que serán referencias de eventos futuros, fundamentalmente.

Además, podemos asimismo detectar fallas que se podrán corregir.

Medios de control personales: tanto la supervisión desde cada una de las áreas como la supervisión general, se consideran medios de control personales.

Medios de control instrumentales: se aplican a través de formas, cuestionarios o encuestas.

Hay tres aspectos fundamentales sobre los que se aplican medios de control:

**Finanzas**: se aplican los medios adecuados para evaluar la administración de los recursos financieros: si se hizo en forma correcta o no. Control de ingresos y egresos. Resultados o balance final.

**Cantidad de asistentes**: (en el caso de que el evento haya sido de convocatoria abierta) esto será determinante de futuros eventos.

**Desarrollo del programa**: (técnico, social, cultural, etc.) son la esencia real del evento. Aplicamos medios de control personales (supervisión) e instrumentales (encuestas).

En los casos en que evaluamos a través de encuestas, debemos tener en cuenta que las opiniones que en este sentido se exponen son subjetivas y en la valoración o análisis, se debe considerar este factor.

Para cerrar el proceso definitivamente, corresponde hacer un informe de evaluación que adjuntaremos a toda la documentación interna del evento, como así también, elaborar uno similar que será entregado al cliente aunque éste no lo haya solicitado en ningún momento. Es una forma de darle un cierre a ese proyecto y mantener la continuidad en la relación comercial.

**Y hablando de la organización podemos decir que:**

En una empresa familiar, o sin ser familiar, una empresa pequeña, las funciones correspondientes a cada área, estarán cubiertas por dos, tres, integrantes o a veces reunidas en una sola persona. Pero en la organización de un evento de una empresa de envergadura es indudable que las áreas estarán perfectamente delimitadas. Hay que tener en cuenta que no es lo mismo el área de acreditación y el área gastronómica, el área de finanzas o el comité de recepción. Una vez establecida la planificación, habrá que sentarse a pensar; y para cada una de las áreas o funciones a cumplir asignar los nombres correspondientes y los plazos de ejecución.

Lo fundamental es saber qué es lo concerniente a cada actividad, delimitar la acción y que **siempre haya un responsable** tanto de la empresa contratante como del cliente. Los dos deben saber con quien tratar, no hay nada que complique más todo como la madre de la novia que dice A y el padre del novio que dice B, o el gerente general que pide un cocktail para 1.000 personas y el secretario de la sucursal opina que debe ser una cena, y entre los dos no se ponen de acuerdo. Como el organizador está en el medio, termina siendo el responsable porque finalmente ellos están en otras cosas y entonces el profesional tendrá que estar con la cabeza puesta en todos los detalles y tener clara su capacidad de decisión.

---

**PAUTAS PARA EL ORGANIZADOR**
Delimitar las tareas.
Fijar bien los roles.
Designar el responsable de cada área (o de varias).
Mantener informados y motivados a todos los que participan en ese proyecto.
Valorizar y reconocer el aporte de cada uno.
Saber escuchar.
Compartir.

ESTE ES UN TRABAJO EN EQUIPO

---

# TIEMPOS

# TIEMPOS

Hablando de tiempos, tendremos que dedicarnos aquí a las dos etapas donde la cronología es vital: la etapa de preparación y la etapa de desarrollo.

El tiempo previo no es igual para los distintos tipos de eventos. El magno Festival de Coros del Báltico que se cumple en distintas ciudades nórdicas lleva cinco años de preparativos, durante los cuales miles de participantes en unos diez países preparan sus trajes y el espectáculo sin conocerse entre sí, pero obedeciendo a un estricto diseño y a las coreografías parciales (solamente el escenario alberga a unos quince mil cantantes, y el anfiteatro de césped permite sentarse a unas doscientas mil personas). Una feria o exposición internacional requiere como mínimo unos dos años. Un congreso, por lo menos, insumirá un año de preparativos. Cada presentación de los Rolling Stones moviliza durante un mes a un increíble arsenal de accesorios y estructuras que ocupan más de treinta toneladas en la bodega del avión de transporte más grande del mundo, el gigantesco Antonov 124. Un desfile de modas de Roberto Piazza ocupa casi ocho meses de diseños y un mes de contactos con la prensa, los megaeventos que organiza Claudio Gelemur para presentar a Joan Manuel Serrat también le ocupan un año previo de reservas hoteleras y contratación de salas y medios de transporte para la treintena de músicos y acompañantes del juglar.

En cambio, la presentación de un libro, una conferencia o una entrega de premios podrá ser organizada por profesionales con experiencia y buenos contactos en sólo uno o dos meses

En el caso de ferias y exposiciones en donde haya que vender stands, generalmente se hace un prelanzamiento —con doce, seis o tres meses de anticipación—, para dar lugar al desarrollo de la promoción y permitir su comercialización por parte de los equipos de venta.

Paralelamente al programa del evento en sí, habrá que preparar el cronograma con la campaña de difusión por medio de la publicidad a contratar y los contactos con la prensa.

**Los puntos a considerar serán:**
- Reuniones informativas para establecer los distintos grupos o responsables de cada área (gastronomía, lista de participantes, contratación de la sede, impresión de invitaciones, decoración, equipos de sonido y contratación de servicios);

- Atención de aspectos complementarios (personal experto o asistentes eventuales, trámites y autorizaciones municipales o pago de tasas por música —si fueran necesarias— programación del acto principal con momentos culminantes, brindis y oradores);

- Solicitud de auspicios (para eventos sociales no serán necesarios) y gestión para que se declare de interés municipal, provincial o nacional, según se trate, ya que estos trámites llevarán un tiempo a veces difícil de calcular;

- Tener en cuenta tanto los aspectos de la impresión de la papelería como la capacitación del personal, o el diseño y prueba de uniformes.

## EJEMPLOS PARA LA ORGANIZACIÓN
## DE REUNIONES SOCIALES
### 6 meses antes
1. Selección de la sede, sea en la empresa, la casa, un salón, un country, un barco, etc.
2. Definir una fecha aproximada o exacta.
3. Tener una propuesta alternativa ante cualquier imprevisto.
4. Definir el tipo de fiesta a realizar.
5. Pautar la programación.
6. Estimar la cantidad de invitados.
7. Evaluar las necesidades técnicas.
8. Definir el tipo de ambientación, la decoración y el servicio gastronómico.
9. Si se presenta algún espectáculo definir el presupuesto, horario, características y duración.

### 4 meses antes
10. Reservar la sede elegida.
11. Pedir presupuesto de todos los servicios, la gastronomía, la imprenta, los souvenires, los fotógrafos, la filmación, el espectáculo, el personal auxiliar, los traslados.
12. Elección de la decoración y requisitos básicos de infraestructura (flores, iluminación especial, globos, candelabros, cerramientos, alfombras, plantas).

### 3 meses antes
13. Hacer el listado definitivo de los invitados
14. Seleccionar el menú.
15. Diseñar las invitaciones y lo que deba ser impreso.
16. Elegir la imprenta (prestar atención a los tiempos prometidos).
17. Evaluar la necesidad de alquiler de mesas, sillas, vajilla, mantelería.
18. Evaluar la necesidad de climatización.
19. Evaluar la necesidad de heladeras, cocinas y hornos extras.

**2 a 1 mes antes**
20. Impresión de las invitaciones, programas, menúes, recordatorios, tarjetas de ubicación en las mesas.
21. Confirmar presupuestos, seleccionar y contratar al personal eventual.
22. Concretar el alquiler de elementos.
23. Capacitar al personal eventual.
24. Determinar los horarios, las funciones y las tareas a desempeñar.
25. Controlar las instalaciones. Detectar posibles fallas o deterioros.

**Hasta el día D**
26. Chequear todas las necesidades.
27. Confirmar la asistencia.
28. Ensayar y calcular los tiempos.
29. Probar tres veces los equipos electrónicos.
30. Verificar los tiempos de entrega de la imprenta, el cotillón, los souvenires, la decoración, la vestimenta.

**Posterior al evento**
31. Devolución de elementos.
32. Agradecimientos.
33. Análisis de la faz operativa.
34. Análisis de los tiempos pautados originariamente y sus modificaciones.
35. Evaluar si fue acertado el presupuesto pactado.
36. Hacer un informe crítico del resultado.

Esta es una guía tipo que deberá adaptarse en tiempos, elementos y consideraciones a las circunstancias, tipo de evento, programación, presupuesto y complejidad del mismo.

Otro ejemplo:

## LOS TIEMPOS DE PREPARACIÓN DE UNA BODA...

### Entre 12 y 6 meses antes
- Establecer la fecha.
- Elegir el estilo de la boda.
- Hacer listado tentativo de invitados.
- Estimar el presupuesto y establecer prioridades.
- Seleccionar y contratar la sede.
- Seleccionar y reservar la fecha para la ceremonia religiosa.

### Entre 6 y 3 meses antes
Seleccionar y contratar a los "PROVEEDORES" indicados para el evento:
- Catering – DJ – Equipamiento técnico – Ambientación – Arreglos florales – Cotillón.
- Souvenir – Fotografía y Video – Personal adicional.
- Animación – Transporte para traslados.
- Seleccionar casas de regalos y armar listado.
- Decidir acerca del diseñador, modista, o encargado de confeccionar el vestido de la novia y el traje del novio.
- Elegir y encargar las invitaciones y participaciones.
- Reservar el sitio para la noche de bodas.
- Planificar la luna de miel.

### Entre 3 y 1 mes antes
- Reservar fecha para la ceremonia civil.
- Definir y organizar la recepción posterior a la ceremonia civil.
- Confeccionar el listado definitivo de invitados a la boda.
- Contratar maquillador/a y peinador/a.
- Elegir accesorios, ramo, tocado, zapatos, otros.
- Enviar las invitaciones y participaciones.
- Definir los detalles (ornamentación, música, coro, lecturas, otros) para la ceremonia religiosa.

- Definir detalles del servicio gastronómico elegido.
- Armar el TIMING tentativo de la fiesta.

**Entre 15 y 7 días antes**
- Realizar los pagos pendientes.
- Confirmar asistencia de los invitados.
- Definir y confirmar horarios con todos los proveedores. contratados para la ceremonia civil, religiosa. y fiesta.
- Distribuir a los invitados en las mesas correspondientes.
- Elegir y definir la música general y puntual con el DJ.

**2 días antes**
- Entregar al responsable del armado del salón la planimetría correspondiente a la distribución de los invitados.
- Chequear con los proveedores contratados que todo esté en tiempo y forma.

**Día D**
- Llegar a la sede elegida con la suficiente antelación.
- Receptar, controlar y supervisar todos los elementos que ingresan al lugar del evento.
- Reunir al personal e informar con claridad y precisión el cronograma de tareas a desarrollar.

**Después de la fiesta**
- Realizar la evaluación post – evento con el personal de servicio y con el cliente.

# INFRAESTRUCTURA

# INFRAESTRUCTURA

La elección de la sede de un evento y su puesta en funcionamiento dependerán de una serie de condicionamientos que se interrelacionan con la magnitud del evento y sus objetivos. Primero habrá que designar la sede comercial del realizador u organizador. Luego el lugar para realizar el evento: salones para congresos y convenciones, predios feriales, grandes espacios al aire libre, hoteles, galerías de arte, librerías, museos, sitios históricos, salones, centros comerciales, centros culturales, embarcaciones, aviones, clubes nocturnos, teatros, estadios, calles o plazas públicas, centros vacacionales, playas, puertos, centros de esquí.

Los aspectos a considerar son: entorno, cerramientos periféricos, cubiertas y techados (inflables, carpas, toldos rígidos), accesos acondicionados para el mal tiempo, posibilidad de controles y vigilancia, iluminación de la fachada exterior y los alrededores, facilidades para carga y descarga, instalación de sistemas de comunicación (telefonía, fax, computación, TV, etc.), accesos a áreas restringidas por otras autoridades, reglamentaciones municipales, inserción en áreas residenciales, ruidos molestos propios y ajenos, armado, desarme y guarda de elementos, entradas para el público y estacionamiento, facilidades para medios de transporte público (gestión de servicios reforzados y anuncios), salidas para emergencias, protecciones contra incendios, etc.

Convendrá llevar un registro de necesidades:
- Instalación de grandes fachadas exteriores.
- Instalación y mantenimiento de plantas y flores.
- Cuando se exhiban animales: su protección, alimentación, limpieza y seguridad.
- Necesidad de calefacción y refrigeración.
- Fácil acceso de elementos pesados o voluminosos.
- Problemas ecológicos y ambientales.
- Sectores y control del consumo de tabaco o alcohol.
- Construcción de quioscos o instalaciones interiores.
- Seguros, cuando se exhiban obras de arte o elementos de mucho valor.
- Puestos de comidas y bebidas: armado y control.
- Verificación previa de sistemas de sonido.
- Estrados, pasarelas, vestuarios improvisados.
- Circulación del público en mal tiempo.
- Equipos de mantenimiento (carpintería, electricidad, mecánica).
- Designación del transportador oficial.
- Transporte de elementos y personal.
- Refuerzo de instalaciones sanitarias.
- Servicios de limpieza y recolección de basura.

## SEGURIDAD EN LOS EVENTOS

Creo que uno de los temas que me llevó a crear la Primera Carrera de Organización de Eventos y tener la certeza de que se debía profesionalizar esta actividad, fue principalmente por varias situaciones de problemas instaurados por no prever la seguridad en todos sus aspectos.

Veamos:
- De las personas, asistentes, participantes, invitados
- De los que trabajan en un evento (armadores, técnicos, electricistas, escenógrafos, pintores, personal de limpieza,

colocadores de alfombras, cocineros, camareros, recepcionistas y otros.

- Los elementos que se alquilan, arman, compran, o están en la sede, que deberemos verificar su funcionamiento, la capacidad de recibir determinada cantidad de personas, o del peso mismo de los elementos de las personas que trabajan en altura, de las tarimas y escalinatas improvisadas (cuántas veces me ha tocado subir a un escenario, tarima, desnivel, donde se ha colocado un cajón de botellas vacío (para peor, cubierto en algunas ocasiones con un trozo de alfombra, de manera que ni se nota el tamaño de ese "escalón" o dónde empieza y termina).
- Seguridad de elementos como televisores, proyectores, pantallas y lo que pueda exhibirse.
- De la comida que se sirve o se vende.
- Del dinero que se recauda (en el caso de ferias o exposiciones en los que hay venta de productos).
- De la instalación eléctrica precaria.

Después de la tragedia de Cromagnón (para los extranjeros una disco en la que alguien incendió una bengala y murieron casi 200 jóvenes, en Buenos Aires) las autoridades tomaron conciencia de lo que implica el ser responsable de tantas vidas y la cantidad de detalles a tener en cuenta.

Le aconsejo verificar la habilitación de la sede, las salidas de emergencia, matafuegos, personal de seguridad, conocer accesos, servicios médicos, cumplir con los recaudos bromatológicos, los espacios de ventilación, etc.

Estamos tramitando la MATRÍCULA HABILITANTE, de manera de que deba ser un profesional matriculado el que quiera organizar determinado tipo de eventos, principalmente los que movilizan a mucha gente y que puedan ser más riesgosos.

## LA SEDE

He mencionado el tema seguridad y en estos años se fue tomando mayor conciencia por un lado, por otro hay muchas más sedes para eventos.

En lo que respecta a casas para eventos infantiles, se ha multiplicado la oferta y se han acondicionado muchos espacios. Ya no se concibe prácticamente realizar un cumpleaños infantil en la propia casa, salvo en quintas, fincas, countries, o sea fuera de la ciudad.

Todos sabemos lo que pueden hacer niños pequeños, o no tanto, lógicamente con el entusiasmo propio y la energía de su edad. En otro capítulo trato este tema, pero solamente en lo que hace a la decoración con globos y los cuidados que se deben tomar. Por eso quiero complementar en éste lo que se debe tener en cuenta.

Algunos espacios están preparados para una determinada edad (casas o varios salones).Una necesidad es la de niños de "salita de 2, 3 ó 4" años para dar un ejemplo concreto, que podemos asociarla con los elementos de jardín de infantes.

Por un lado, la precaución máxima de elementos de cableado, enchufes, toma corrientes, iluminación con artefactos especiales.

Para los chiquitos lo ideal es alfombrar con algún tipo de material, como por ejemplo "goma Eva". Si los niños se caen no corren el riesgo de lastimarse. Damos por descontado que los muebles serán los apropiados incluyendo los artefactos del baño.

Con el auge del turismo se han construido muchos hoteles, o sea que hay mayor posibilidad de sedes para eventos. Se siguen construyendo predios feriales, remodelando de teatros, más todo lo que pueda realizarse. Estas nuevas sedes están equipadas con tecnología de avanzada. Pero acá podemos observar que no siempre se solicita la participación y la información de la experiencia de un OPE (Organizador Profesional de Eventos y Exposiciones).

He visto un teatro recientemente remodelado. Los telones de acceso a la sala y a los palcos estaban confeccionados en telas de seda hermosas pero livianas, ligeras, que no cumplían su rol fundamental de amortiguar los ruidos y funcionar como una pared o puerta acústica.

También es interesante el pensar en sedes no convencionales. Una vez más la experiencia, profesionalismo y creatividad del organizador nos darán las posibilidades de otros ámbitos, a veces con necesidad de adecuación, pero que sirven para estos fines.

Yo suelo utilizar una expresión que dice SACAR EL EVENTO A LA CALLE. En la Inauguración del Hotel Madero by Sofitel, además de potentes reflectores que iluminaban el cielo y por lógica el frente del hotel, en determinado momento mimos, actores y trapecistas nos invitaron a salir a la calle que obviamente estaba cortada al tránsito. Allí, en la vereda de enfrente, en un espacio al aire libre, estaba la Orquesta Sinfónica Nacional. Al tiempo que los mozos nos servían champagne, junto a un tenor y una soprano brindamos al ritmo de *La Traviata*. Hermoso momento, inolvidable junto al río y bajo el cielo de Buenos Aires... como este son muchos los ejemplos que podríamos dar.

## PRINCIPALES SEDES DE LA CIUDAD DE BUENOS AIRES

### LA RURAL. El Centro de Convenciones más grande de la Argentina

Av. Sarmiento 1704. Los pabellones, salas de convenciones y auditorio principal están equipados con tecnología de primer nivel y suman 45.000 m² cubiertos. A esto se añaden más de 10.000 m² descubiertos y espacios verdes, y un estacionamiento subterráneo con capacidad para mil autos.

Centro de Convenciones: el auditorio principal tiene una superficie total de 1800 m², la altura es de 5.8 m.

La Sala El Ceibo, tiene una superficie de 400 m² y puede dividirse en tres salones (A, B y C).

Pabellón Azul: 10.320 m² de superficie.

Pabellón Verde: 8.000 m² de superficie

Pabellón Ocre: 5.000 m² de superficie.

Pabellón Frers: 2.350 m² de superficie.

## CENTRO COSTA SALGUERO

Av. Costanera y Salguero. Cuenta con 6 pabellones que suman más de 20.000 m² cubiertos. Además, 6 salas, con capacidad desde 50 hasta 750 personas en auditorio. El estacionamiento tiene capacidad para dos mil autos.

Pabellón 1: 2.835 m² de superficie. La capacidad (de acuerdo al armado) es de 2.500 personas en auditorio, 3.200 en cocktail o 1.400 en banquete.

Pabellones 2 y 3: 2.554 m² de superficie cada uno. La capacidad es de 5.000 personas en auditorio, 6.000 en cocktail o 4.000 en banquete.

Pabellón 4: 2.835 m² de superficie. La capacidad es de 2.500 personas en auditorio, 3.200 en cocktail o 1.400 en banquete.

Pabellón 5: 4.343 m² de superficie. La capacidad es de 4.500 personas en auditorio, 5.000 en cocktail o 2.500 en banquete.

Pabellón 6: 4.582 m². La capacidad es de 3.000 personas en auditorio, 3.200 en cocktail o 1.800 en banquete.

Salas:

Sala A: 415 m² de superficie. La capacidad es de 375 personas en auditorio, 375 en cocktail o 250 en banquete. (Puede unirse con la sala B).

Sala B: 415 m² de superficie. La capacidad es de 375 personas en auditorio, 375 en cocktail o 250 en banquete. (Puede unirse con la sala B).

Sala C: 52 m² de superficie. La capacidad es de 50 personas en auditorio, 50 en cocktail o 40 en banquete.

Sala D: 302 m² de superficie. La capacidad es de 100 personas en auditorio, 100 en cocktail o 70 en banquete.

Sala E: 333 m² de superficie. La capacidad es de 140 personas en auditorio, 140 en cocktail o 80 en banquete.

## PUNTA CARRASCO
Av. Costanera y Sarmiento
**Eventos Classic:**
Salón Big: 375 m² de superficie. La capacidad es de 350 en banquete, 250 en auditorio o 800 en cocktail.
Salón Sum: 327 m² de superficie. La capacidad es de 270 en banquete, 500 en auditorio o 600 en cocktail.
Salón Costa: 318 m² de superficie. La capacidad es de 160 en banquete, 100 en auditorio o 350 en cocktail.
Salón Terraza: 196 m² de superficie. La capacidad es de 60 en banquete, 80 en auditorio o 200 en cocktail.

**Terrazas del Este:**
Salón Mediterráneo: 560 m² de superficie. La capacidad es de 300 en banquete, 600 en auditorio o 700 en cocktail.
Salón Norte: 300 m² de superficie. La capacidad es de 130 en banquete, 250 en auditorio o 80 en cocktail.
Salón Este: 164 m² de superficie. La capacidad es de 60 personas en cocktail.
Salón Oeste: 62 m² de superficie. La capacidad es de 80 en banquete, 100 en auditorio o 180 en cocktail.
Salón Sur: 300 m² de superficie. La capacidad es de 150 en banquete, 200 en auditorio o 250 en cocktail.

## GOLDEN CENTER
Av. Güiraldes y Cantilo s/n. Parque Norte. Golden Center posee una excelente ubicación a metros del Aeroparque, máxima seguridad, un amplio estacionamiento para más de 1.500 vehículos, gastronomía de nivel internacional, atención y servicios.

Posee 5 salas de reuniones, con una superficie total de 4.500 m² y 3.300 asientos como número máximo en la sala mayor.

Entre las empresas que realizan sus eventos en esta sede figuran: Arcor, Polka, Banco Río, Garbarino, Fiat, Bimbo, Banco Credicoop, Banco Ciudad de Buenos Aires, Metrovías, Nextel, Laboratorios Elea, Toyota, Unilever, Telefónica, Laboratorios Bagó, Techint,

Orígenes, Citibank, Fargo, Petrobras, Hewlett Packard, Siemens, Danone Argentina, Villavicencio, Frigor.

## CLUB EUROPEO

La sede principal está ubicada en Avenida Corrientes 327, pisos 20 al 22. En estos tres magníficos pisos los socios disponen de un comedor, un bar, tranquilas salas de estar, salas de reunión y de alquiler para fiestas y eventos. El socio del Club Europeo podrá hacer uso de las sedes del Club Español, del Club Francés, del Club Danés, de la Asociación Sueca y del Circolo Italiano, todos con restaurante y bar, salas de reunión y de estar y salones para fiestas y eventos. En el Club Hurlingham pueden utilizar el restaurante, el bar, los jardines y el parque.

## PALACIO RODRÍGUEZ PEÑA

Construido por el Arq. Juan Manzini en 1902, con ambientación y decoración a cargo de Félix Boggio, quien colocara un plafonier de bronce de 105 luces que aún hoy ilumina nuestros eventos.

Nació junto con la Sociedad Filantrópica la Argentina, luego convertida en Asociación Mutual. Desde sus comienzos funcionó como lugar de encuentros sociales para sus afiliados.

En la década del treinta se realizó el primer baile de tango organizado por los alumnos de la Facultad de Medicina y en la década del cuarenta fue la época de esplendor del salón, convertido en milonga, que ostentaba una asidua concurrencia. Sobre su escenario, tocaron D'Arienzo, Pugliese, y cantaron Julio Sosa, Alberto Castillo, Ángel Vargas y el mismísimo Carlos Gardel, entre otros.

## PASEO LA PLAZA

Av. Corrientes 1660. Cuenta con 2 salas de teatro en auditorio y 4 salones de planta libre que permiten diferentes tipos de armado.

Por su excelente acústica y tecnología de última generación en equipamiento audiovisual, brinda las mejores alternativas para proyección de datos y video, circuitos cerrados, cabinas de traducción simultánea, videoconferencias y transmisión de eventos por Internet.

Posee 6 salas de reuniones y estacionamiento propio para 500 vehículos.

## CULTURAL BUEN AYRE
Ubicado en pleno centro, a tan sólo dos cuadras del Obelisco.
- Número de salas de reuniones: 5
- Superficie total para reuniones (m$^2$): 1.100
- Superficie de la sala mayor (m$^2$): 600
- Número máximo de asientos en su sala mayor (teatro): 900

## MULTIESPACIO DARWIN
Niceto Vega 5350.
- Salón Niceto: 700 m$^2$ de superficie y 9 m de altura.
  La capacidad es de 600 personas en auditorio, 700 en cocktail o 360 en banquete con pista de baile.
- Salón Darwin: 600 m$^2$ de superficie y 5 m de altura.
  La capacidad es de 300 personas en auditorio, 600 en cocktail o 220 en banquete con pista de baile.

Los salones pueden unificarse, logrando una superficie de 1.300 m$^3$. Con una capacidad de 900 personas en auditorio, 1.300 en cocktail y 580 en banquete con pista de baile.

## PALAIS ROUGE
Jerónimo Salguero 1433/49. Con capacidad de 600 personas en auditorio, 650 en cocktail o 350 en banquete. Permite el armado de 30 stands para exposición.
Tiene un jardín con caída de agua de 150 m$^2$.

## HIPÓDROMO ARGENTINO
Hemos rescatado una nueva sede para eventos (1998), el Hipódromo Argentino. Inaugurado en 1876, vuelve al brillo de sus primeras épocas, donde en un marco digno de Ascott o Chantilly, en este *edificio declarado monumento histórico* se vuelven a desarrollar distintos eventos. Quién no recuerda, aunque sea por comenta-

rios de padres y abuelos la visita de la Infanta Isabel con motivo del Centenario. Allí aún parecen resonar el Himno Nacional Español y el nuestro en una gala denominada como "la fiesta del siglo", donde las damas de Buenos Aires, ataviadas con hermosos atuendos y en lujosos carruajes, llegaban a participar de la gran fiesta.

Con una vista única a las pistas de carrera, salones suntuosos, jardines impecablemente mantenidos, ya sea de día con el sol invadiéndolo todo, o de noche con una iluminación de lujo, cualquier tipo de evento encontrará aquí un marco ideal.

# LA SEDE Y SU AMBIENTACIÓN

## LA SEDE Y SU AMBIENTACIÓN

Ya en los primeros capítulos traté el tema de los sentidos, y el de la vista es uno de los que tiene mayor ingerencia; y como se dice "entra por los ojos", el cuidado de la decoración y ambientación se vuelve cada vez más importante.

Es importante dejarlo en manos de los especialistas que sabrán darle el toque que el cliente quiere o espera, a veces porque es el lanzamiento de un producto, otras por una fiesta de quince, que no será lo mismo que para unas bodas de oro o de plata.

Pero también deberemos pensar en ambientaciones acordes por ejemplo a un auditorio para la apertura de un congreso.

En este caso, según las circunstancias debemos tener en cuenta que es acto protocolar, por lo que posiblemente se colocarán banderas, arreglos florales, alguna alfombra especial y después los elementos de tecnología necesarios (pantallas gigantes) o banners, carteles de los sponsors o auspiciantes, que si bien no podemos denominarlo decoración forman parte de la ambientación.

En general todo esto se alquila, ya que, salvo que usted sea un proveedor de estor elementos, son muy caros y a lo mejor no los utiliza frecuentemente.

Nos contratan para que organicemos un evento. Magnífico. Ya tenemos definidos los objetivos y el presupuesto y ahora tendremos que aplicar nuestra creatividad para que el cliente apruebe el proyecto.

No interesa aquí si el trabajo es grande o chico. Podremos imaginar una fiesta de quince años al borde del natatorio de un club, o de la casa, con ramos de flores que lleguen flotando hasta donde está la homenajeada, quizá tengamos que cubrir un estadio con globos gigantes o, en cambio, presentar el libro de un monje en una austera abadía. Pero, siempre, habrá que considerar particularmente cuál será la sede, el escenario en donde transcurrirá el evento que organicemos.

Primero, habrá que atender a la capacidad, tanto de la concurrencia como de quienes actúen en algún momento en el escenario o en un estrado. Hace pocos días estuvimos en una importante reunión celebrada en un gran hotel céntrico, y el salón estaba perfectamente de acuerdo para los 150 invitados ubicados en mesas de seis personas, pero cuando hubo que entregar los premios se dio la ingrata sorpresa de que no alcanzaban a acomodarse en el pequeño escenario los quince galardonados. Todo se disimuló con sonrisas y aún con la ocurrencia de la figura principal, quién se felicitó porque hubiera tantos premiados y aún se auguró que para el próximo año también resultará chico el escenario. Puede ocurrir que se prevea una concurrencia de 15.000 personas para lo cual bastaría el Luna Park o el estadio de Obras, evitándose el problema del mal tiempo, pero el detalle es que quienes ocupen el escenario serán cerca de 2.000 gimnastas; ¡y esto obliga a pensar en un estadio con cancha de fútbol, por lo menos!

Y ya que hablamos del clima meteorológico, digamos que no sólo la lluvia o el frío —si bien son los peores condicionantes— pueden afectar un evento. Un viento excesivo, el calor (tanto al aire libre como bajo un tinglado o carpa) o el encierro (por falta de ventilación o de aire acondicionado) son emergencias a las que se deberá dar una respuesta con previsiones adecuadas. Tras una lluvia fuerte que ocurrió durante la inauguración de una feria náutica, los organizadores tuvieron la idea de cubrir los senderos interiores con granza, que evitó al público el chapaleo entre el barro. La falta de un servicio de "boys" con paraguas también afectó a los invitados a la apertura de uno de los más grandes "mall" de la zona Sur, originando una congestión monumental —la autopista Sur y los accesos se trabaron durante más de dos horas— ya que todos pretendían estacionar lo más cerca de la puerta para no mojarse la ropa de gala.

Los servicios de emergencia deben ser fundamentalmente previstos para reuniones multitudinarias —desde una ambulancia con médicos que se obtiene fácilmente por un canje publicitario— hasta equipos de salvamento o bomberos, según los casos. Pero aún en situaciones menores la responsabilidad del organizador debe hacerlo previsor cuando hay público que atender. Sobre salidas de emergencia y una mínima organización para afrontar cualquier imprevisto dramático deberán instruirse a recepcionistas y personal de seguridad. Por lo menos los números telefónicos (bien grandes y claros) de servicios públicos cercanos y de quiénes serán y dónde estarán los responsables que durante el evento darán las indicaciones necesarias ante estas situaciones. Aunque los problemas de seguridad y de bienes no correspondan directamente a la elección de la sede, sí también tendrá que preverse un lugar bien identificado adonde acudir o la forma de recurrir a la policía inmediatamente.

Una vez determinada la sede convendrá hacer un ensayo previo del evento, si fuera posible a la misma hora y en el mismo día de la semana en que ocurrirá. No será lo mismo un domingo que un día de semana, tanto para estacionar como para actividades en la vía pública o accesos. Los accesos por escaleras o por ascensores pueden presentar complicaciones, unas paredes recubiertas con espejos pueden molestar a fotógrafos y camarógrafos si pretenden captar un desfile de modas. Ruidos de aviones, los recreos de una escuela vecina, máquinas cercanas o imprevistas taladradoras en la vía pública, resultarán molestos para un concierto o una conferencia. Y muchas de estas posibilidades no pudieron preverse cuando se contrató la sede.

Algo parecido ocurrirá cuando deban introducirse elementos muy pesados en el lugar del evento, ya sea en su interior o sobre un escenario. También deberán considerarse su transporte, tanto en los accesos como en el interior de la sede. Un muñeco o accesorio escenográfico, una carroza antigua, o un vehículo especial podrán quedar afuera o deberán tener un ámbito anexo, si es que fueran importantes y no pueden incorporarse a la sede principal.

Cuando se ensayen los tiempos para ajustar la cronología del programa, habrá que pensar en que no es lo mismo visualizar las cosas en un salón vacío que cuando esté lleno de gente. Muchas veces un éxito de concurrencia no justifica la molestia de los invitados y si el organizador lo previó no habrá contratiempos que lamentar.

Por último, pero no lo último, los organizadores deberán conocer la ubicación y responsables del tablero de luces, los turnos, francos y teléfonos de las personas con quienes se trata en el desarrollo del evento y dónde y quienes guardan bajo llave elementos de importancia para posibilitar el uso de los servicios básicos.

Desde luego, siempre habrá imprevistos. En nuestros cursos consideramos los muchos otros detalles que pueden surgir. Pero está en la imaginación y la rapidez mental, así como en la capacidad de decisión del buen organizador el saber cómo resolverlos.

El diccionario dice que ambiente es el medio en que se vive. Y la ambientación es todo lo que rodea a un evento y a sus protagonistas. No se trata solamente del espacio ceñido a límites estrictos, como las paredes que envuelven a una reunión pequeña, sino que también podrán corresponder a los espacios abiertos que quedan alrededor de un megaevento al aire libre. En uno u otro caso, con elementos adecuados se podrá marcar un estilo, un motivo que caracterice a esa reunión y la identifique hacia adentro o hacia afuera. Pero no se trata solamente de una identificación o señalamiento, sino que la misma ambientación puede ser parte vital del funcionamiento o posibilitar la participación del público o las figuras principales del evento.

Ya, en principio, pueden señalarse dos importantes diferencias sobre términos que muchas veces se confunden: decoración y ambientación.

La decoración se refiere a los arreglos y componentes que se utilizan para adornar un ambiente determinado, pero su condición es más estática que la ambientación. Por eso, podría decirse que la ambientación es contenedora de la decoración. Con los elementos decorativos se puede armar un ámbito, pero tiene que haber una concepción total e integradora, que se determina al establecer la ambientación, su espíritu, finalidad y mensaje.

Las sedes de eventos son muy diversas, tanto en sus escenarios físicos como en sus dimensiones.

Puede tratarse de lugares preparados y equipados, como centros de convenciones, centros culturales, clubes, predios feriales, salones de fiesta, discotecas, teatros, galerías de arte, librerías, museos, estadios, shoppings, hasta lugares no acondicionados (pero que pueden adaptarse) como playas, balnearios, puertos, muelles, centros de esquí, carpas, embarcaciones, aviones o trenes.

Estos ámbitos podrán decorarse con elementos que les sean acordes o buscar contrastes para llamar la atención. Un avión de pasajeros podrá utilizarse como pasarela para un desfile de moda y acondicionarse con cortinas y motivos antiguos de los años veinte si se le quiere crear un marco alegórico inusitado (habrá que ver si las reglas de seguridad aérea así lo permiten, pero la idea puede ser muy original).

A la orilla de un muelle se puede presentar un producto de náutica lanzando niebla artificial o dentro de un salón de fiesta se puede recrear un paisaje nevado, si así se lo quisiera.

Los elementos decorativos podrán ser, entonces, plantas, flores, jarrones y hasta fuentes o cascadas prefabricadas. Si se utilizan globos o los nuevos efectos llamados "pirotecnia fría" habrá que recurrir a expertos. Si se quisieran emplear animales deberá tenerse en cuenta no afectarlos (ni que protesten las asociaciones protectoras o ecologistas) y, siempre, considerar los aspectos de seguridad a las personas y a las cosas, igual que los de seguros.

Una enumeración general de los elementos decorativos encontrará que las mismas mesas o sillas podrán brindar una ambientación, ya que si —por ejemplo— se las reviste o forra con motivos alusivos al evento, además de su función utilitaria también aportarán un arreglo que complementará la escenificación total. Otros elementos a tener en cuenta son:

- Escaleras
- Alfombras
- Candelabros o artefactos de iluminación
- Arcadas
- Banderas
- Guirnaldas
- Sombrillas
- Tarimas
- Césped sintético
- Asientos y bancos
- Mamparas
- Maquetas
- Exhibidores
- Repisas
- Juguetes
- Miniaturas
- Aviones y autos antiguos, muebles de colección
- Videowall
- Proyecciones de rayos láser
- Reflectores, y componentes de realidad virtual o diapositivas

En este momento, es la moda de los living, los loft, o sea sillones y mesas bajas que se ubican de manera que los invitados puedan estar más cómodos, a veces sobre deck, con sillones tipo cama de dos plazas.

Es una moda que nace en algunas playas, con telas blancas colgando, sirviendo de cortinados y techos, que al estar al aire libre vuelan dando un efecto de liviandad, un estilo caribeño. Esto se ha trasladado a lugares cerrados, con iluminación especial, floreros muy altos, a veces de más de un metro, luces contra las paredes simulando columnas y todo tipo de efectos especiales.

Otras veces con telas tensadas, se podrá "bajar un techo muy alto" o crear un ámbito especial

Las decoraciones pueden ser clásicas, minimalistas, rococó, románticas, otoñales, primaverales, exóticas, monocromáticas, todo cabe y todo vale.

## ESTILOS DECORATIVOS

### ESTILO CLÁSICO

Se basa en la conservadora casa burguesa del siglo pasado. Lo forman materiales clásicos que dan calor y comodidad, además de estampados, plantas, murales, zócalos, cornisas, amplios cortinados y adornos delicados. Los colores que utiliza son los granates, verdes, rojos oscuros y marrones; motivos de pájaros, flores, frutas y rayas más que cuadrados.

Los complementos son candelabros y elegantes lámparas de mesa y platos de porcelana.

### ESTILO RÚSTICO

Principalmente se destaca por el uso de materiales nobles y naturales poco tratados, como la madera, el mimbre o la esterilla, aplicados tanto en objetos y utensilios como en paredes y pisos. También se da importancia a las artesanías y a las telas duras en colores claros. Puede ser sencillo o sofisticado, evitando los ambientes sobrecargados.

### ESTILO LOFT

La adaptación de locales industriales, aprovechando así su estructura básica, formó un nuevo estilo. Es frío, de superficies limpias y duras, colores sólidos, sin calidez aparente. Se utilizan el metal, el plástico y la goma. Formas geométricas puras y ángulos muy marcados. Es tranquilo y neutro. El espacio vacío constituye el elemento más importante.

## ESTILO MODERNISTA

Simple y funcional, se caracteriza por crear espacios amplios, despojados y luminosos.

Se puede optar por colores claros en paredes y muebles. Es sencillo y práctico, los muebles son de líneas puras y detalles discretos.

## ESTILO ÉTNICO

Tiende a decorar con colores y objetos artesanales, como Afrecha, India, Oriente, etc.

Su encanto son los colores cálidos y objetos artesanales, cestos, cerámica, tejidos naturales, madera con tallas y alfombras con dibujos elaborados.

## MINIMALISMO

Estilo que toma como premisa reducir al máximo los elementos, los volúmenes y las formas, prescindir del color y busca la belleza en la mínima expresión.

## KITSCH

El kitsch se destaca por el predominio del color y las formas, la utilización de elementos antiestéticos y chillones.

## ESTILO ORIENTAL

Basado en una interpretación exótica y personal de esta cultura milenaria, con la simplicidad que aportan su sabiduría y filosofía oriental; colores, objetos, murales y adornos que remiten en todo momento (o copian) su estética y costumbres. Contraste de texturas (piedra, madera o papel), objetos místicos (fuentes, velas, inciensos) y la presencia de la naturaleza (piedras, agua, flores) en un total equilibrio, propuestos a partir del concepto del Yin y Yang como balance de energías.

## ESTILO ZEN

Hermano del estilo oriental, el Zen es aún más despojado y simple, buscando la armonía y el equilibrio, además de un sutil toque masculino. Utiliza colores claros y tonalidades neutras, desde el blanco pasando por toda la gama de colores ocres y beiges, fuentes de Feng Shui, objetos de bambú, telas rústicas, cascadas, etc.

## TEMÁTICA

Se trata de basar la ambientación en un tema específico, como puede ser una celebración caribeña, mexicana, flamenca, griega, etc., apelando a los símbolos característicos y al vestuario.

## LA FUNCIÓN DE LA ESCENOGRAFÍA EN LA ORGANIZACIÓN DE EVENTOS

Toda escena transcurre en un ambiente dado, en un escenario. Este puede ser natural, casual o creado y generado con una intención específica. En la puesta en marcha de un evento, en su proyecto y realización, el espacio en el que transcurre debe ser elegido y diseñado, interviniendo activamente en el desarrollo de la actividad.

La caja especial, los objetos, la luz, el color, muebles y estructuras, sonidos y texturas son percibidos en conjunto creando un ambiente y clima determinado que será vivenciado por los asistentes durante el desarrollo del evento, creando una puesta en escena, una escenografía.

*La escenografía es entendida como un espacio, como objeto separado y diferenciado del contexto que la rodea.*

Es un espacio con características de habitabilidad. Está compuesta por objetos biológicos, objetos funcionales, objetos estéticos y objetos de comunicabilidad. Es la composición de un espacio organizado, integrado por objetos, sectores y recorridos.

Las propiedades que caracterizan a un objeto como tal son **forma, color, material, tamaño, movimiento, posición, estructura** y **función.**

Todo objeto o producto a exponer o mostrar tiene una cantidad de factores que lo constituyen.

Estos factores inherentes al objeto intervienen en el proyecto y diseño de un espacio escenográfico. De su reconocimiento, combinación y/o selección surge parte del fundamento visual y compositivo del espacio que nos proponemos realizar.

**Organización espacial**

Para el diseño, organización y composición de un espacio gráfico, es necesario clasificar y seleccionar los diferentes factores noemáticos que caracterizan a los objetos que intervienen.

El enfoque y comprensión de un espacio, el proceso comprende los siguientes pasos:
• Clasificar y enumerar objetos.
• Clasificar los objetos según características: material, color, función, textura, tamaño, estructura, etc.
• Observar la organización espacial: ubicación (arriba-abajo, izquierda-derecha, adelante-atrás).
• Establecer relaciones subjetivas entre objetos, en forma de duplas y tríadas.

Realizar este proceso de análisis es una forma de determinar el enfoque y criterio para seleccionar las características del stand a realizar, según necesidades, estilos y demandas que se planteen.

**Promoción visual**

Desde el punto de vista escenográfico es un conjunto de mensajes dirigidos a la percepción de la imagen.

Es la técnica de proyección de una imagen. Se basa en recursos visuales encaminados a configurar la imagen de un producto como deseable y atractivo. Busca despertar en el consumidor el deseo y sentido de identidad. El objetivo está orientado a la promoción, comercialización, venta y/o divulgación.

## Tipos de promoción visual
- Stands
- Exposiciones
- Grandes superficies de venta
- Vidrieras
- Espacios comerciales
- Manifestaciones culturales
- Publicidad en lugares de venta
- Exhibidores, displays, señalización, gráfica

## Mensaje visual

La instalación escenográfica debe transmitir un mensaje visual claro, no ambiguo, ordenado y equilibrado. Cada elemento del espacio escenificado forma parte de un conjunto, en el que cada parte comunica y cumple una función dentro del conjunto.

Entre los factores que determinan el equilibrio visual están: el peso, la dirección, los sectores inferior y superior, izquierda-derecha, el tamaño, la forma, el color, el interés que despierta a cada objeto en el espectador.

## ELEMENTOS DE SEÑALIZACIÓN Y PROMOCIÓN

En un evento, en un espacio escenificado, se distribuyen a lo largo de un corrido claro que lleve a mostrar la totalidad de los productos expuestos.

Intervienen:
- Elementos de señalización
- Gráfica y afiches
- Plafones informativos:
  - Verticales: la altura está determinada por los ojos del visitante y por el espacio de fondo que permite contemplarlos.
  - Horizontales: marcan recorrido lineal y pautas de dirección de lectura.

## DISPLAYS, SOPORTES Y EXHIBIDORES

Los soportes y exhibidores son elementos claves en una exposición, por cumplir la función de presentar la obra. Es necesario unificar los diferentes productos que reúne una exposición, solucionando las necesidades del soporte que requieren los objetos para ser mostrados. El diseño del soporte, display o exhibidor debe contemplar variantes y unificar el conjunto.

**Claves:**
- Debe ser proporcional al tamaño del objeto a mostrar, (excepto que haya intención de provocar atención con relación a desproporciones y tamaños).
- Es necesario analizar los productos a exhibir individualmente, para descubrir los requerimientos espaciales y visuales que dan sentido a cada objeto en el interior de un conjunto.
- Los productos exhibidos tienen valor emblemático representativo. Se valoran por su significado.
- El display debe responder a la intención del montaje global, a la función de la exhibición, debe crear interés. Tener coherencia y sentido de continuidad.
- Es importante tener en cuenta el contexto en que se colocan los soportes para su correcta lectura.
- Pueden ser gigantografías o pequeños modelos de grandes productos, o fragmentos.
- El soporte debe tener espacio para detalles de información, como fichas técnicas de los productos o explicaciones
- Objetos de distintos tamaños suelen ser atractivos. Eliminan la monotonía.
- Contemplar la intención, la manera de incidir en el espectador.

Complementando lo visto anteriormente, podemos decir que la decoración y ambientación visten la estructura de los objetos del espacio unificando, otorgando estilo, creando atmósferas y climas. Es un filtro selectivo de atracción.

## La imagen de un espacio está determinada por:

- Recursos gráficos y logotipo.
- Composición y color del diseño.
- Exhibidores.
- El producto.
- El trato humano.
- Estilo y materiales.
- Expresión y simbolismos.
- Estructura (armada con comunas, bastidores modulares, módulos, bloques, paneles).
- La decoración y ambientación.

La identidad de una empresa es representada por el logotipo y sus aplicaciones gráficas, y posibilidades de repetición. Es recomendable su uso y asegurarse su atractivo.

La decoración crea la atmósfera que genera atracción de público, deseo de compra y permanencia. Debe haber coherencia entre la decoración y el producto que se vende o promociona, ésta debe ser el reflejo de la filosofía de la empresa a la que el espacio del evento representa. Todos los elementos deben responder al perfil de identidad esbozado en el proyecto (que comprende: estilo de fachada o entrada, superficie interna, distribución de espacios y artículos, elementos de ambientación, materiales utilizados). Hay que elegir las formas que lo configuran y mantener la línea en toda la superficie y en cada elemento, lograr un sello inconfundible.

Ambientar, es la acción de copiar, imitar, recrear en un espacio los elementos característicos de la cultura, lugares, arquetipos, modelos y formas artísticas en un ámbito determinado, interactuando las tendencias estéticas de los distintos tiempos.

Es la manera en la que están distribuidos las materias y elementos de un espacio distinguiéndose unos de otros, definiéndose la estructura, silueta, configuración, aspecto formal, clima. Es el modo en que se tratan las formas y los objetos. Intervienen el color, la forma, los materiales, las innovaciones tecnológicas, la luz, las ideas, definiendo un estilo.

## Tipos de decoración y objetos escenográficos

Según sus características, tamaño y función, los objetos y decoración pueden clasificarse como:

- Decorativos: acompañan al producto que se promociona adornándolo, embelleciéndolo, potencian el atractivo y así el interés o venta.
- Escenográficos: ambientación temática o estilo. (Crea un ambiente o clima determinado) Ej. playa, verano, interior de una casa, bosque, etc.
- Complementarios: perfeccionan una cosa, la hacen íntegra y perfecta. Ej. columnas, frisos, cornisas, cielorrasos, relieves, toda estructura cuyo fin sea decorativo y no portante.
- Funcionales: utilitarios, prácticos, colocados para contener o mostrar productos en forma escenográfica. Pueden ser mobiliarios, (sillas, sillones, mesas de apoyo, percheros, lockers) cortinados, almohadones, espejos, maniquíes, alfombras. Cumplen una función determinada y no es necesariamente decorativa.
- Ilustrativos: dan información sobre algo específico. *Señalización:* deben ser claros para el visitante, deben estar a lo largo de todo el recorrido, en el caso de una muestra o exposición. Deben estar colocados a la altura media de los ojos del visitante, los límites son entre 2 y 9 m de altura y no deben interferir en la publicidad de otro publicitario. Ej. afiches, fotografía, infografía.
- Publicitarios: son relativos o pertenecientes a la publicidad comercial. Ej. gráficos o textos en planos de vinilo, tela, papel o adhesivos, letras y logotipos corpóreos, audiovisuales, rotulaciones, carteles, *backlights* o carteles luminosos, banderolas, pancartas.
- Estructurales: son la armadura que sostiene una cosa, puede decirse que son los portantes. Participan implícitamente en la

decoración, ya que impone una determinación y un lugar en el espacio. Además toda estructura admite acabados variados, no sólo de tratamiento y color, sino también la incorporación de otros elementos que oculten formas, sugieran volúmenes, creen espacios y definan recorridos. Ej. paneles, biombos, bastidores, tarimas, soportes, exhibidores, o expositores.

## CÓMO PLANTEAR Y DEFINIR UN PROYECTO DE DISEÑO Y DECORACIÓN

La ambientación y la decoración visten la estructura, dan estilo, son la imagen de un espacio. El proceso de creación de una escenografía implica:

- Definir los elementos del problema.
- Conseguir documentación.
- Ver ideas viables.
- Proyectar, instalar y verificar.

Una vez planteados el/los objetivo/s:

- Se identifica la situación y el ámbito posible. *¿Cuál es el tipo de mercado y de público participante? Dimensiones del espacio.*
- Se reconocen las expectativas y se deben tener en cuenta las sugerencias del cliente.
- Se definen los recursos reales y condiciones externas.
- Se establece un criterio escenográfico. *(Finalidades generales y específicas).*
- Se establecen las especificaciones de ejecución. *(Programa y Plan de trabajo).*

Es necesario reflexionar sobre la MATERIALIDAD DE LA IDEA: o sea la capacidad que tenemos para llevar a la práctica, a la materialidad, la idea del proyecto.

Para ello es necesario preguntarse: *¿Es posible construir esto? ¿Cómo? ¿Con qué técnica? ¿Con qué y cuántos recursos? ¿En qué tiempo?*

Además se deben conocer los materiales y las propiedades, es decir el comportamiento frente a solicitaciones físicas, químicas, acústicas, ópticas, eléctricas, mecánicas y tecnológicas. Los materiales sufren modificaciones, se comportan de manera diferente y hay que conocer ese comportamiento.

**Factores que influyen en la construcción de la imagen espacial:**

- La identidad de la empresa se manifiesta en el logotipo.
- La decoración genera deseo de permanencia.
- Es importante la coherencia entre la decoración y el producto a exhibir o motivo del evento.
- La ambientación refleja una filosofía.
- Todos los elementos del espacio deben responder a un perfil previamente diseñado que incluye: entrada, fachada, superficie interna, espacios, recorridos, artículos, materiales.
- En la construcción de un espacio se establecen un conjunto de relaciones. El color, la luz, la composición, la estética se refleja en materiales, formas y espacios.

## CONSTRUCCIÓN DE STANDS

**Stands**

El stand es una instalación comercial destinada a la promoción visual, ubicada en el marco de ferias, congresos y exposiciones. Representa a los productos de una marca, comercio, empresa o entidad, en un lugar determinado. Es un espacio de promoción, proyección y competencia en el marco de un acontecimiento ferial. Visualmente debe ser coherente en forma y estilo. Atractivo en cromatismo y forma.

Es indispensable planificar la distribución de sus espacios internos o sectores y organizarlos en función de un recorrido. Es importante prever la fácil circulación y acceso para asistencia masiva. (Puede ser en un espacio abierto o cerrado).

**Sectores del stand**
- Exposición
- Venta
- Reunión y gestión comercial
- Almacenaje

En la construcción y planificación del stand se debe tener en cuenta cómo:
- Se proyecta y resuelve lo referido a estructuras, instalaciones materiales y forma.
- Será la ambientación de los espacios y la iluminación
- Será la promoción visual de la marca, instalación y colocación de productos e iluminación puntual.

**Los NO de un stand. Pautas para no fracasar en el montaje**
- Los exhibidores no deben bloquear entradas y salidas del stand.
- Los displays y objetos no deben obstaculizar la visión de otros.
- La información específica debe presentarse en el margen entre 90 cm y 2 m del suelo.
- En plafones informativos no colocar más de 40 ó 50. caracteres tipográficos en línea. No usar letra escrita a mano.
- No pretender rutas de recorridos complicadas para el público.
- No improvisar.

- La luz no se debe colocar en lugares que deslumbran o encandilen. Debe haber iluminación general y puntual.
- No colocar vitrinas o cristales enfrentados porque generan reflejos que incomodan.

# RECURSOS TÉCNICOS

# RECURSOS TÉCNICOS

Sabemos que la tecnología se mueve a pasos agigantados y cambia y se renueva constantemente, por eso temeos que conocer que es lo nuevo o lo que esta de moda para utilizarlo o poder ofrecer a los clientes. Todo tipo de pantallas, de proyecciones, de aspectos interactivos, de juegos participativos.

Depende también de la edad y lógico, una vez más lo digo, del tipo y características del evento.

A los adolescentes y algunos aunque sean mas pequeños (mis nietos de 3 años, como tantos otros chicos están con la *play station*, con los video juegos)

En esta edad se pueden hacer competencias, desafíos, solo tiene que conectarse con las casas que le ofrecen estos elementos.

Hace poco asistí a un lanzamiento para la prensa organizado por la firma Lancôme de París. En él los periodistas fueron provistos de diskettes e invitados a sentarse frente a una docena de PCs. Al poner en funcionamiento el procesador, en cada pantalla aparecían las distintas preguntas que podrían haber hecho sobre el producto presentado, de modo que al cliquear con el mouse en cada ícono el programa ofrecía las respuestas con ilustraciones y ampliación de la información, pudiéndose ver desde el laboratorio, otros productos, sus componentes, una información visual que no se podría haber dado de otra forma. No podemos dejar de aprovechar la tecnología que existe y se actualiza día a día.

Más recientemente participé en el Hotel Caesar Park de una conferencia para la prensa y agencias de turismo en la que una línea aérea sudafricana presentaba su sistema de promoción por millaje.

La estructura de la reunión era convencional pero se presentó un audiovisual emitido por media docena de proyectores que resultó espectacular, pues nos daba la sensación de estar volando entre medio de cañones montañosos y a ras del suelo, mientras el sonido acompañaba las imágenes con absoluto realismo.

En Francia tuve oportunidad de admirar los conciertos de música y efectos de rayos láser que dirigía Jean Michel Jarré, con gigantescas proyecciones sobre los edificios de departamentos de los alrededores, cuyos vecinos se prestaban a cerrar las ventanas para que sirvieran como pantallas gigantes a estas imágenes computarizadas.

Estos ejemplos sirven para señalar que los avances técnicos no se detienen en cuanto a la posibilidad de deslumbrar al público y que el OPE está obligado a conocerlos para emplearlos y ofrecerlos a los clientes en sus propuestas.

La empresa Shell contrató hace unos años la primera unidad de realidad virtual, que se presentó el Hipódromo de Palermo y luego en La Rural. El cine produjo anteriormente imágenes creadas por computación que se vieron en la película de Spielberg, entre otras, sobre su aterrador Parque Jurásico, (o las recientes propuestas de El Señor de los anillos o Harry Potter que enloquecen a los niños, y no tan niños) en la cual los dinosaurios que se veían eran solamente efectos corporizados a través de los programas de animación.

Los *videowall* o paredes de paneles múltiples que presentan imágenes gigantes, se suman a los recursos aplicados a letreros que ocupan muchos metros cuadrados en sitios estratégicos de la ciudad. Recientemente, los fuegos de artificio más variados y seguros, efectos con humo o la pirotecnia para interiores, las luces dicroicas, los efectos estroboscópicos o la tradicional luz negra ya se han incorporado a la parafernalia de accesorios y elementos muy utilizados en diversidad de eventos.

Al lado de estas novedades, parecen ingenuos los grandes letreros de los años cuarenta o cincuenta que emitían humo, como el famoso instalado en Nueva York por una marca de cigarrillos, o el cóndor de Fernet Branca que movía sus alas sobre nuestra avenida 9 de julio.

Estos efectos, también podrán ser reutilizados cuando se quiera crear una atmosfera acorde, tampoco hay que desecharlos.

Pero los recursos técnicos no se circunscriben solamente a los efectos en escala gigante que llaman la atención en exteriores o crean polos de interés interiores.

También cumplen su función en los eventos, y deben tenerse bien en cuenta insumos básicos y más sencillos, que requieren una cuidadosa aplicación.

Un puntero láser puede ayudar para indicar lugares específicos sobre una pantalla gigante a distancia. Pero si el frente de la pantalla está demasiado iluminado el puntito rojo de moderna tecnología no se percibirá.

Una batería de parlantes mal orientada o con el sonido mal regulado podrá provocar hasta reacciones negativas de quienes estén dentro de su radio de alcance.

Un podio muy bajo, con un fondo inadecuado o un escenario endeble o reducido, así como los benditos enchufes de los micrófonos y los equipos de sonido, que siempre parecen fallar justo cuando el orador principal se dispone a hablar, son también componentes merecedores de atención y cuidadosos ensayos.

Una lista básica, no exhaustiva ni completa por supuesto, comprende: proyectores de diapositivas, reproductores de video, retroproyectores, cañones, micrófonos inalámbricos o cableados, equipos de sonido, circuitos cerrados de TV, carteleras o letreros de todo tipo que se suman a sistemas de comunicación como los teléfonos celulares, *page handy* o radio-receptores manuales, atriles, podios, escenarios, pórticos, stands y cabinas para boletería o baños químicos, cabinas de traducción, unidades de computación para la acreditación, selladoras térmicas para gafetes o credenciales, faxs, fotocopiadoras, computadoras con impresoras, servicios de Internet, auriculares y unidades para interpretación simultánea.

Deberemos pensar además en complementos necesarios para demostraciones, como cocinas, microondas y freezers.

Muchos de estos elementos son nuestros principales auxiliares y dependemos de su buen funcionamiento y cabal conocimiento de su utilización para contribuir al éxito de nuestro evento.

## ILUMINACIÓN

La iluminación es el elemento más importante para dar el clima a un evento. Hay muchos otros elementos decorativos importantes como telas, flores, etc. que ayudan a dar el tono deseado a nuestro espacio, pero la iluminación añade movimiento, clima y color al evento.

Durante mucho tiempo se trató la iluminación como un elemento a añadir a la hora de decorar, pero hoy, la iluminación profesional es un componente esencial de cualquier evento que incorpore más que centros de mesa y velas como decoración. Los organizadores se están dando cuenta del impacto de la correcta utilización de la iluminación.

No basta pues con bañar una sala con luz anaranjada. Hoy en día incluso se contrata a diseñadores de iluminación para influir en el estado de ánimo de los asistentes a un evento en forma más efectiva que la que se conseguiría utilizando objetos o decorados. Se usan para ello proyecciones móviles, barridos de luz que cambian de color, y motivos durante el acto y trucos que resaltan los elementos singulares de un espacio o que lo convierten en algo totalmente diferente.

Como con muchas otras modas, la reciente popularidad de la iluminación más atrevida se deriva de un punto de partida fundamental: cuando los organizadores cuentan con presupuestos reducidos, el uso extensivo de la iluminación puede convertirse en la manera de crear un ambiente impactante sin afectar incurrir en costos excesivos. Se pueden conseguir elaborados efectos como barridos de luz con formas y logos sobre la pista de baile, proyecciones de globos móviles por el techo o iluminación de los exteriores del lugar.

La iluminación permite flexibilidad, ya que no sólo es una solución relativamente económica sino que también puede reajustarse y adaptarse a la situación final con poco tiempo.

La iluminación permite incluso hacer cambios durante el mismo evento, cuando ya los invitados han acudido, de manera que el ambiente de la fiesta cambie conforme se desarrolla el acto. Con diferentes juegos de luces puede también crear entornos distintos dentro del mismo espacio. Por ejemplo, una proyección de un cielo cubierto de nubes sobre el techo puede tornarse en un estupendo cielo estrellado para el final de la cena.

### ¿CÓMO ILUMINAR?

Es difícil decir cómo iluminar un evento si no somos expertos en el tema, debido a que en esto intervienen muchos factores, entre ellos el presupuesto de que disponga el cliente y el criterio personal del organizador de eventos. No hay un cálculo fijo de potencia necesaria ni una fórmula estricta para iluminar.

Por ejemplo, podríamos iluminar un evento para 500 invitados apenas con doce par 300 conectados directamente a la tensión. Nosotros propondremos un modo de iluminar más propio del teatro, donde circulan por un escenario sólo un par de personas y no masas enteras de invitados deambulando por un salón. Aunque nunca nos encontremos con este tipo de situación, esto permitirá hacernos una idea de cómo trabajan las luces, mostrando los resultados que producen las distintas formas de ubicarlas sobre una persona.

En teatro se divide el escenario en seis sectores que se iluminarán con luces desde el frente (frontales), desde arriba (cenitales), desde atrás (contraluces) y desde los costados (calles laterales). Utilizando tres luces frontales, tres contraluces y cuatro calles obtendríamos el diagrama de luces inferior izquierdo y el esquema inferior es un gráfico de un sistema que trabaja con una consola de 12 *dimers*.

Lo ideal es arrojar luz sobre una persona desde las cuatro direcciones (adelante-atrás-arriba-laterales), de esta forma las personas se verán como dotadas de volumen; de otra forma los rostros se verán planos (iluminados sólo desde adelante) o con sombras de distintas zonas de sus rostros (iluminados desde arriba, atrás o desde los laterales).

# EL LUNA PARK,
## SEDE MÍTICA DE BUENOS AIRES
### ENTREVISTA A JUAN CARLOS LECTOURE

# EL LUNA PARK, SEDE MÍTICA DE BUENOS AIRES
## Entrevista a Juan Carlos Lectoure

"Cuando se llena el Luna,
me preocupa la seguridad de todos"

*Pensando en sedes, por supuesto que apareció en mi mente, como una marquesina: "Luna Park". Esa manzana dedicada a eventos, espectáculos, deportes, ciclismo, boxeo, y hasta al casamiento de Maradona. Ocupa una manzana, (la manzana porteña que persiste en mi barrio, como diría Borges). Antes, Corrientes terminaba allí. El boxeo y luego el patinaje sobre hielo tienen aquí su casa. No podría uno imaginarse que pudieran estar en otro lado. Juan Carlos Lectoure responde inmediatamente a mi llamado y me recibe en sus oficinas, con ecos del gran gimnasio. Alto, corpulento y elegante, de traje claro, corbata y pañuelo haciendo juego. Yo preocupada por su tiempo, trato de ser breve. Pero, no se puede, surge uno y otro tema, no es posible resumir tantos años de actividad en unos pocos minutos. Y él rememora:*

El Luna Park existe desde 1932. Pocos posiblemente recuerden que estaba exactamente donde hoy está el Obelisco. Ya han pasado 64 años y por allí pasó también parte de la historia de la Argentina.
—*¿Cómo nació todo esto?*
—Fueron Lectoure (mi tío) y Pache, hombres de visión y entu-

siasmo deportivo. Hacer esto llevó mucho dinero pues todo es terreno ganado al río. La tosca estaba a 18 metros, por lo tanto los pilotes que se pensaban poner a 5 ó 6 metros hubo que enclavarlos a ese nivel y allí se fue el dinero, por lo cual estuvo muchos años sin techo. Esto fue hecho a pulmón y a los ponchazos, al principio parecía una cancha de fútbol reducida. Lo único que se hacía era boxeo, las cosas no iban muy bien, e incluso no se podía usar cuando llovía, pero finalmente llegó el techo y, como diría un criollo, se dio vuelta la taba. *(Nos interrumpe el teléfono y aprovecho para mirar todo lo que hay en su despacho: fotos del Santo Padre, de Drácula, de Maximiliano Guerra).*

Lectoure prosigue:

—Ya con el techo, comenzaron a hacer festivales marcas de cigarrillos que entregaban premios, tal como hacen ahora las bebidas cola. También se hacían las campañas políticas de cierre, festivales artísticos y los famosos bailes de carnaval de los años cuarenta con las orquestas de Francisco Canaro y Feliciano Brunelli, la "característica" que se sumaba al tango y al jazz. Poco a poco, lentamente fue armándose el actual "Luna", volcándose hacia el espectáculo, los actos culturales y religiosos. Hemos hecho consagraciones sacerdotales, que antiguamente eran algo muy místico y cerrado. ¿Se imagina 150 sacerdotes ante un público de 10.000 personas? Algo inolvidable....

—*¿Y los actos políticos?*

—Aquí se festejaron tanto la Independencia de EEUU como la Revolución Rusa. ¿qué le parece? los dos polos opuestos... Para nombrarle algunos eventos, 22 campeonatos mundiales de boxeo, 27 temporadas de los 6 días en bicicleta, 23 temporadas de los *Globe Trotters*, 36 temporadas de *Holliday on Ice*, los circos más importantes, el de Tres Pistas, el de Berlín, el de Hungría, el de Moscú; y también muchos ballets, el Georgiano, el Moisseiev, el *American Theatre*, Maurice Bejart, Vassiliev, Maximiliano Guerra y Julio Bocca, Zorba el Griego y además Frank Sinatra, Ray Conniff, Rafael, Tom Jones, Drácula y el Jorobado de *Notre Dame*, y podríamos seguir nombrando un buen rato más.

—*¿En qué momento se siente más conmovido, cuando firma un contrato o en el momento del espectáculo?*

—En realidad me preocupo cuando está la sala llena. Por un lado es la emoción y por otro, el temor que pueda ocurrir algo imprevisto. En boxeo teníamos más de 23.000 personas, ¿se imagina mi responsabilidad por todos ellos? En actos sindicales los portuarios venían con sus ganchos, pero gracias a Dios nunca sucedió nada. Cuando se llena la sala siento que yo en parte hice que se lograra eso, en parte soy el que posibilita que esto ocurra. Si bien el deporte es lo que más me gusta, nunca soñé haber tenido a Pavarotti, Frank Sinatra, Tom Jones... *(la mirada se le va pensando quién sabe qué cosas).* Pero nada se compara a lo que sentí cuando recibí al Santo Padre. Tuve el placer de recibirlo en dos ocasiones, una con la colectividad polaca y otra con el empresariado argentino. (*Aquí me hace una aclaración:* Por favor, esto no lo ponga como un evento más, esto sale de todo contexto, fue Su visita y nada más*).* Pocas personas en el mundo pueden decir que recibieron al Santo Padre en su casa, y yo soy una de esas afortunadas, sí, fue lo más emocionante en mis 40 años de Luna. Cuando un sacerdote polaco vino a decirme que vendría el Papa, sentí que todo tenía que estar preparado de una forma especial. Y pensé que para Él todo tenía que ser blanco. Y como no conseguí alfombras de este tipo, fui a una fábrica de toallas, y recubrí todo el Luna Park de blanco. Pero pensé: el Papa también es un hombre, querrá estar solo, tendrá que descansar, querrá rezar, viene de un acto desde el Mercado Central... y le preparé un salón privado y le construí un baño especial, todo era blanco. Me parecía increíble estar preparando mi casa para Su Santidad. *(Y aquí este hombre "duro" del box, se emociona todavía recordando aquel momento).*

—*¿Señor Lectoure, usted delega?*

—No, no delego y esto es un problema. Pero ya lo haré...

—*¿Cuando comenzó con todo esto?*

—Era muy joven, aunque no me considero viejo. (*Pero no aclara en qué fecha*).

—*¿Como influyó el boom de la televisión?*

—Es un problema, ya que al que le gusta el deporte hoy puede verlo en TV las 24 horas del día. Lo mismo las películas, el teatro, aunque no vivan la emoción de participar. Pero por otra parte, esto nos hizo empezar con el espectáculo, hicimos Drácula y nos fue bien, a lo mejor de otra forma no me hubiera puesto a producir espectáculos.

—*¿No tendría que mejorar algo la sala? Algunos se quejan por las columnas...*

—Siempre la estamos mejorando, se puso la calefacción, se pusieron sillas, se mejoraron las butacas, lamentablemente por el momento no se puede poner refrigeración para el verano, técnicamente es muy complicado. A lo mejor algún día se inventa otra cosa.

—*¿Alguna estadística, algún dato curioso?*

—Esta es una manzana chica, son 6.000 m². La altura desde el piso hasta la cabreada central del cielorraso es de 17 metros. La capacidad actual es de 7.000 personas. La pista de patinaje sobre hielo es nuestra, tenemos 17.000 metros de caño... es una serpentina con paños de 0.60 por 9 metros. Para levantar cada uno se necesitan 8 hombres que luego los van conectando uno a uno....Este es el único lugar adonde *Holliday on Ice* no traslada sus pistas, pues tenemos hasta el compresor.

—*Otra inquietud: ¿hay ratas o ratones?*

—No, ahora ya no, la construcción de Puerto Madero nos benefició. Pero le voy a contar un secreto, (*baja la voz para que nadie oiga):* antes teníamos media docena de hurones, era nuestro "mundo ratonil". No olvide que muy cerca estaban los silos y los barcos con cargas de maíz y trigo. Pero también tuvimos otro tipo de animales más simpáticos: una vez entró un perro. Era verano, las entradas estaban abiertas, el portero no se dio cuenta, y el perro de pronto apareció en el escenario. Lo cruzó resbalando de punta a punta sobre el hielo y todos pensaron que era parte del espectáculo. ¡Este es también el Luna insólito!...

*Esta anécdota enmarcó la despedida: yo sentí ganas de decirle: Gracias señor Lectoure, por lo que hace por el espectáculo, por la posibilidad de trabajo que brinda, por contarme esos recuerdos de su casa y por abrir un lugar excepcional a los organizadores de eventos donde todo es posible.*

*Desde 1998 a este momento han pasado muchas cosas, como decía en la introducción, por un lado en el mundo, en nuestro país y también a nuestro lado, muy cerca nuestro, casi en el corazón de Buenos Aires, la casa, el Luna Park, ya no es el mismo, algo cambió, alguien viajó, se fue, nos dejó físicamente, las expresiones son varias, el hecho es que Juan Carlos Lectoure, Tito, no está, pero queda en su lugar, cumpliendo parte de sus funciones, un buen discípulo, que conserva el espíritu tan especial que se respira en ese ambiente, ese ámbito tan querido para nosotros y reconocido a nivel internacional.*

*Consideré que era necesario hablar en presente y futuro, y también saber si pudo cumplir alguno de sus sueños y proyectos y qué pasó en este año en el que "Tito" faltó a la cita.*

*Algunos de sus sueños se cumplieron, otros proyectos se concretaron y están en manos de su sobrino Esteban Livera, quien con sus 30 años lleva ya 11 en el Luna, y desde hace 5 es el coordinador general, tarea que aprendió junto a Lectoure y que le permite ahora actuar con solvencia profesional.,*

*Releyendo la entrevista hecha en 1998 en la que me comentaba que no era posible por el momento refrigerar el Luna, un año después en 1999 lo concreta. Aparece una nueva técnica, la de tecno acumulación: están colocados 14 tanques de 3.50 m de diámetro por 4 m de altura que acumulan hielo.*

Esteban Livera me comenta, "Cuando se desea utilizar la climatización se pone en marcha una maquinaria por la que circula el aire que se enfría y con ventiladores gigantes se esparce para que llegue a la sala una temperatura de 11 u 12°. Son 4 ventiladores de 4 m de diámetro. Se armó una sala de máquinas en un espacio del Luna que da sobre la Av. Corrientes, donde antiguamente estaba la venta de

autos de Froilan González, allí también esta la caldera para la calefacción y los compresores que fabrican el hielo".

*Este proyecto inicialmente debía ocupar una superficie de 32 m²,
pero finalmente fue mucho más grande y terminó siendo cinco
veces mayor.*

*O sea que hizo posible, lo que un año atrás era imposible.*

*Pregunto sobre los últimos acontecimientos y no podemos dejar
de mencionar el festejo de los 70 años del Luna, la vuelta al boxeo
y, como no podía faltar, el recuerdo y homenaje a Lectoure.*

*Se concretó su último proyecto celebrando ese aniversario con
la esencia del Luna, el box, por lo que fue la Noche grande del
Boxeo, El Luna volvió a tener su campeón del mundo y dejó abierto el camino para reiniciar otra vez, el Box en el luna.*

*Como también durante estos últimos años se abrieron las puer-
tas a los musicales, se realizó Las mil y una noches, como si quisiera recordar las miles de noches mágicas, desde todos los ámbitos, políticos, culturales, deportivos, donde no faltó la emoción del
mundial de vóley, las piruetas de Maximiliano Guerra o Julio
Bocca o las placas de los tap, de Lord of the dance, siempre hay
algo para maravillar y encantar, como en el cuento, para todos los
deseos, gustos y sensibilidades. También se cumplió su "antojo" de
que vuelva la Ópera en el 2002 y ahora también, en el 2003
Carmen revive sus amores y Margarita, desde el brindis de La
Traviata nos hace suspirar, las voces se elevan y la música nos
envuelve.*

*En la charla, amable, con este joven que tiene esa responsabili-
dad, y con perfil bajo, me insiste, no soy director, dueño, nada, soy
empleado, sigo siendo el coordinador, y relee la entrevista, repasa
las preguntas que le hiciera anteriormente, y sonríe en ¿...nunca
delega?*

No, *me dice, Esteban,* Tito nunca delegó, estaba en todo, recién
en el 2000, 2001 como si presintiera que debía marcar un camino,
comenzó a delegar en forma muy lenta, en pequeñas acciones, yo
lo único que hago es seguir adelante con sus proyectos, yo sí delego y luego superviso.

—Hace 11 años que estoy acá, estuve junto a él y aprendí a seguir su camino. *Pasado el momento de nostalgia, en este encuentro marcado por la emoción, avanzamos sobre otros temas.*

—¿Qué más podemos contar? Otro evento para destacar fue la Fiesta del Milenium, a la que Lectoure apostó, a la megafiesta con 3.000 personas, en la que no quedó un solo lugar vacío

Durante un mes se acondicionó, decoró, ambientó, para que fuera La Fiesta, así con mayúscula, y se logró.

*Realmente fue una gran satisfacción y Juan Carlos Lectoure, lo gozo y lo vivió tal como lo había soñado.*

*Seguimos hablando sobre la tecnología, las posibilidades del espacio, del escenario múltiple, y me comenta que por todo el techo hay pasarelas por las que se puede transitar cómodamente y armar todos los efectos, colgar elementos, bajarlos, deslizarlos sobre nuestras cabezas, tirar globos, flores, campanas, luces. Por ejemplo en El jorobado de Notre Dame, se hizo una campana de 4 m de diámetro y 6 de altura, y luego se partía y producía un efecto pocas veces visto con tanta perfección con sonido envolvente, sens around, por lo que le llegaba a cada espectador en cualquier lugar que estuviera.*

*Y terminando con esta charla en la que nos fuimos de la realidad para soñar con estas propuestas, no menos reales, me comentaba que para marcar las 24 hs. de la noche del Milenio hicieron un reloj de arena gigante que en determinado momento descendió del techo, cayendo el último granito de arena que marcó el fin y el inicio.*

*Aquí también marcamos el fin de una etapa, la de Tito Lectoure, presente cada día en todas las actividades, y la de la presencia de su seguidor, quien también siente su presencia, como todos nosotros, vigilante, atento a todo, siempre de pie, en la últimas filas o recorriendo los pasillos y saludando a sus conocidos, observando que ningún detalle se escape de este engranaje tan maravilloso que es el Luna Park.*

*Agradezco a Esteban Livera el haberme permitido actualizar la nota y completar esta imagen.*

*Mayo de 2003*

# EL HOTEL COMO SEDE
## ENTREVISTA A CARLOS FERRUCCI, VICEPRESIDENTE DEL REGENTE PALACE HOTEL

## EL HOTEL COMO SEDE
## ENTREVISTA A CARLOS FERRUCCI,
## VICEPRESIDENTE DEL REGENTE PALACE HOTEL

"El hotel debe ser como la casa
en una fiesta familiar"

*Siguiendo con el mundo de la hotelería hablamos con Carlos Ferrucci, vicepresidente del Regente Palace Hotel. Como visionario, al construir este hotel catalogado 4 estrellas, nos cuenta cómo hace quince años, decidió hacer 3 salones con una capacidad que varía, ya que se pueden utilizar en forma independiente o en conjunto. Así, el área de eventos ocupa una gran proporción de los 9 pisos del hotel.*

—¿*Qué rol juega un hotel en los eventos?*

—Considero que los eventos juegan un papel importante dentro de la estructura hotelera. Aquí se ha pensado incluso en accesos directos desde la calle como para no perturbar la comodidad de los huéspedes. Adecuamos las instalaciones tanto para la concentración de los jugadores de San Lorenzo, como albergamos a cien músicos de la orquesta de Praga, un grupo de niños que invitados por una editorial aprenden a leer, y en otro salón se desarrolla una conferencia del Hospital Italiano. Debemos ser dúctiles y adaptarnos a todo tipo de circunstancias. Esto se ve tanto en la ornamentación como en la elección de los menúes. Mientras un salón debe ornamentarse de la forma más formal, con la ubicación de las banderas según las reglas del ceremonial, en otro predominan los globos y los manteles de encaje rosa para una fiesta de quince años.

Es una tarea agradable, en la que se involucra todo el personal, tenemos personas que trabajan con nosotros desde hace diez años y eso hace que al conocer todos los pormenores el desarrollo transcurra de una manera que resulte óptima para el cliente.

—*¿Qué variantes le piden los clientes?*

—Tenemos empresas que realizan *workshops* todas las semanas. Aquí transformamos los salones con elementos que proveemos nosotros mismos pues tenemos talleres de carpintería, arreglos florales, jardinería. Todo pasa por nuestras manos, desde la elección del discjockey para el baile después de la cena, hasta la acreditación para un congreso con nuestras secretarias. El hecho de poder realizar aquí desde el cotillón a la ornamentación facilita mucho, ganándose en tiempo y tranquilidad. Considero que el hotel es como la casa para una fiesta familiar, de allí que se tengan conversaciones previas para que la fiesta resulte cálida, todos se sientan a gusto y se identifique **con** el homenajeado.

—*¿Considera un factor importante la hotelería como sede para eventos?*

—Así es, por eso nuestra preocupación por estar siempre actualizados y valorar tanto al huésped de las habitaciones como al huésped de los salones, y que encuentren aquí lo que les es necesario.

*Carlos Ferrucci nos hace bajar al subsuelo, y allí descubrimos los sorprendentes talleres y depósitos donde se mezclan bronces con espejos, cabeceras de cama con tules y moños de la última fiesta, y el retroproyector convive con un cartel de bienvenida de algún cumpleaños. Indudablemente, una variedad que hace multifacética esta actividad.*

# RECURSOS HUMANOS

## RECURSOS HUMANOS

Según el tipo de evento, así serán los recursos humanos que se deberán movilizar. Pero siempre habrá que formar cuadros para la conducción, la supervisión y la ejecución, tanto en funciones estables como en eventuales.

Una vez establecida la conducción, los pasos para la integración del **equipo** humano serán:

- Búsqueda y selección
- Capacitación
- Delegación
- Supervisión

Se tendrán que determinar claramente las relaciones y funciones en los distintos niveles. Es fundamental que todos los integrantes sean claramente informados sobre esas relaciones y funciones, particularmente sobre quiénes tendrán responsabilidad de conducción-supervisión, así como los sitios y horarios exactos para ubicarlos.

Del mismo modo, el personal que tendrá contacto con el público deberá ser capacitado sobre cómo actuar en situaciones de emergencia.

Cuando se contrate personal eventual con agencias o empresas se deberá procurar que estos integrantes también reciban el mismo nivel de preparación que el personal estable.

La integración del personal que trabajará en forma temporal en un evento, en grandes grupos comprenderá a las siguientes funciones, entre otras:

- Acompañantes
- Agentes de seguridad y vigilancia
- Auxiliares de sala
- Bomberos
- Camareras
- Camarógrafos
- Carpinteros
- Controles de acceso
- Conductores de vehículos
- Choferes
- Electricistas
- Enfermeros
- Fotógrafos
- Guías de turismo
- Intérpretes
- Locutores
- Mecánicos de mantenimiento
- Mensajeros
- Mozos
- Personal para limpieza y maestranza
- Pintores
- Promotores
- Proyeccionistas
- Recepcionistas
- Secretarias
- Técnicos de audio
- Técnicos de video
- Técnicos en computación y traductores

Por eso cuando insisto en que conviene trabajar con los profesionales de cada área, es por lo mismo de siempre. En condiciones normales seguimos una planificación y con los conocimientos que poseemos, más una preparación adecuada, todo va en marcha. Pero ¿imaginamos los alcances de un imprevisto?

El día de la apertura de *América 92* se desató un tornado. Estábamos sobre el río, eran aproximadamente las 20 hs., se cortó la luz, sumándose al viento, ruidos extraños y lugares desconocidos. Yo estaba al lado del parque de atracciones donde funcionaba la "vuelta al mundo". A la primera brisa los directivos del parque de diversiones hicieron detener el juego y no permitieron el acceso del público. Todavía no era tan fuerte el viento, pero gracias a Dios, que ellos como profesionales se dieron cuenta del peligro y tomaron sus recaudos. Pasaron segundos antes que se desatara el tornado, ¿qué hubiera sucedido si no lo advertían? Comprendo que fue un caso extremo pero cada uno en su área, sabe por dónde puede saltar la liebre.

Creo que con el tiempo el OPE (Organizador Profesional de Eventos) irá teniendo más autoridad (como ya la tienen los de renombre) para que se escuchen sus sugerencias. Desde la duración adecuada a las circunstancias de un discurso hasta de la forma de exponer. Nos puede echar por tierra todo un esfuerzo el sólo hecho de que al comienzo de un congreso los oradores tomen la palabra, lean su discurso (a veces sin saber hacerlo), improvisen y se entusiasmen, y sirvan del mejor soporífero arruinando las fotos del fotógrafo de los participantes ubicados en las primeras filas, todos cabeceando, pero lo que es peor sin cumplir con los objetivos que motivaron a participar de ese evento. Porque si uno está confortablemente sentado, a las 8 de la mañana, una voz monótona y uniforme, que nos da estadísticas de temas que no conocemos o no son de nuestro primordial interés, no es lo ideal para predisponernos a una intensa jornada de labor. Y para terminar con este tema me gustaría hablar del factor humano. En todo evento cuando las secretarías y comités están perfectamente divididos con varios responsables, el comité de recepción juega un rol preponderante. Hay que pensar que a un congreso, por ejemplo, no se va únicamente por el aspecto de formación e información, sino también para establecer nuevos contactos.

También hay que considerar los momentos de ocio, el programa para acompañantes y el empleo del tiempo libre.

Todo esto lo programa ese comité que de acuerdo a la envergadura de la organización recaerá sobre una o varias personas. Pensemos en los participantes que vienen del interior o del extranjero, algunos conocen nuestro país y la ciudad y otros no. De una palabra, una llamada telefónica, un plano con referencias indispensables o una entrada para un espectáculo sacada a tiempo, depende la posibilidad de disfrutar de algo más. El comité de recepción debe velar para que la persona esté en el hotel que se le ha asignado (no sería la primera vez que se aloja a alguien en un lugar equivocado), que tenga cambio de moneda y hacerle conocer los lugares de interés turístico, cultural o deportivo.

Acompañar a un participante, comprarle el obsequio que quiere llevar para sus hijos o su esposa, porque no tiene tiempo y desconoce dónde hacerlo, le puede hacer recordar ese lugar como cálido, hospitalario y llevarse la mejor imagen.

**Búsqueda**

*¿Como la realizamos?* Hay empresas de selección de personal, que se dedican a esto, dadas las características pautadas por sus necesidades será la búsqueda.

Realmente en algunas épocas la cantidad de gente que se postulaba para un trabajo era impresionante, y eso lleva mucho tiempo para hacerlo uno, y si bien podemos tener algunos conocimientos psicológicos, grafológicos o de detección de los aspectos de esa persona que pueden resultarnos interesantes o necesarios para nosotros, si no somos expertos, podremos caer fácilmente en una equivocación que después nos costara caro, en tiempo, dinero, esfuerzo. Para eso están los profesionales, salvo que la estructura de nuestra empresa sea de tal envergadura que tengamos un departamento de RRHH y pueda hacer esa búsqueda.

A veces se hará publicando un aviso en algún diario, en Internet tenemos sitios para ofrecer puestos de trabajo a nuestra propia base da datos enviando un e-mail, o en un sitio en nuestra página web.

Luego de la búsqueda vendrá la selección, sin considerar aquellos que no reúnen las condiciones o no nos parecen acertados para ese puesto.

O simplemente porque no tenemos *feeling*, más de una vez es el otro a quien no le interesa lo que le ofrecemos o es demasiado complejo, o no tiene experiencia, o tantas circunstancias que hacen que una persona no acepte un trabajo.

En la selección de personal puede resultar útil, en algunos casos es indispensable, hacer una grilla y marcar con una puntuación lo que puede interesarnos; en cada caso será diferente.

Por ejemplo:
- Edad (si es limitativo)
- Sexo (si es indistinto)
- Características
- Conocimientos
- Capacidades
- Habilidades
- Carácter
- Personalidad
- Capacidad de mando (de acuerdo al puesto que deba ocupar)
- Capacidad de acatar indicaciones
- Grado de compromiso
- Confiabilidad
- Nivel de capacitación

En este aspecto de la capacitación, como en todos los casos, es imprescindible que la persona sepa qué hace, para qué lo hace, cuál es el producto o servicio que se ofrece, sus bondades y características.

Sobre todo en el tema que nos atañe, que es el de los eventos, y que contratamos personal, a lo mejor, por una sola vez, o varias, pero cada evento tiene sus características específicas y se hace más necesario que la persona sepa de qué se trata.

Y las indicaciones deben ser claras, precisas, medibles y verificables.

Por ejemplo:

Si usted dice a las recepcionistas "mañana deben estar temprano" (es un ejercicio que me gusta hacer con los alumnos), el "temprano" de cada uno es totalmente diferente al de los otros. Entonces, a lo mejor el evento comienza a las 9 y para usted temprano significa las 8, para alguien puede ser 8.30, para otro 8.45, y así ¿cómo medimos ese temprano? Solamente indicando la hora exacta a la que queremos que las personas se presenten.

Lo mismo ocurre con la presencia, el peinado ¿se ha puesto a pensar qué es un peinado prolijo para cada persona?

Un agente de ventas puede peinarse con "rastas" y tenerlas recién hechas y estar con el cabello limpio ¿pero nuestra empresa, puede o quiere dar esa imagen? ¿Somos más conservadores? Nos dirigimos a un público no acostumbrado a estos peinados, o una recepcionista con el cabello de tres colores puede estar prolija pero a lo mejor esos colores no combinan con el tailleur clásico que le vamos a dar para que se vista.

Entonces para evitar problemas, dé consignas claras.

## DELEGAR

Sabemos que hay barreras que nos impiden delegar, pero por ejemplo, si usted es Wedding Planner ¿cómo hace para estar recibiendo a los invitados, conteniendo los nervios de la novia, verificando el horario de inicio de la comida, o acomodando a los músicos en un vestuario?

Es imposible, no vale la pena dar otros ejemplos, por eso necesitamos de otros, para que cada uno se responsabilice de un área, y podamos supervisar todo.

¿Y cuáles son esas barreras?

Una es pensar que el otro lo puede hacer mejor que nosotros, entonces nos puede... quitar nuestro trabajo, otras a la inversa que no sabe hacerlo como nosotros. Puede ser verdad, pero en algo tenemos que ceder, y mientras cubra las necesidades mínimas, tendremos que darle su lugar y la responsabilidad, y aquí sí que enfatizo en el de confiar en la persona.

Lo ideal es darle responsabilidades básicas hasta que confiemos en que nos interpreta, que tiene nuestra visión, o por lo menos respeta las nuestras, que acepta nuestras indicaciones, y que le demos la posibilidad de actuar en forma autónoma.

## SUPERVISIÓN

Debemos acompañar a esa persona en su tarea, en el sentido de preguntarle, que sepa dónde nos puede ubicar, que aunque no estemos a su lado sepa que sabemos lo que hace, cómo lo hace y que además le estamos reconociendo su esmero, su preocupación, su capacidad de resolver situaciones, de solucionar problemas.

Para ello debemos felicitarlo, estimularlo, escucharlo y valorarlo.

Todas las reglas de RRHH dicen que lo más importante es el reconocimiento y la valoración de nuestro esfuerzo y compromiso, ni qué hablar de lo que significa lealtad o ponerse la camiseta de la empresa o sea... pertenecer...

# ADMINISTRACIÓN Y COMERCIALIZACIÓN

## ADMINISTRACIÓN DE RECURSOS Y COMERCIALIZACIÓN

Una vez determinado el presupuesto disponible se hará la estimación de inversión y ganancia, atendiendo a los siguientes ítems:

- Plan de gastos inmediatos y mediatos, imprevistos, caja chica.
- Presupuestos a pedir con valores de máximos y mínimos (mínimo dos o tres).
- Designación de responsables y supervisores de sindicatura. Registros y control, balance.
- Asesoría contable y legal. Funciones.
- Estructura de remuneraciones para el personal de organización y desarrollo.
- Cálculo de ingresos y fuentes.
- Movimientos bancarios, depósitos.
- Contratos y ganancias.
- Seguros. Impuestos.
- Tasas por música y otros.
- Asociaciones temporarias (UTE).

## GUÍA DE ADMINISTRACIÓN DE RECURSOS
- Calcular los ingresos sobre una base de venta, ocupación, alquiler, etc. de aproximadamente un 60% (no sobre el total).
- Calcular entre un 10% y un 20% de imprevistos.

- Pedir siempre presupuestos por escrito, incluyendo: fechas de pago, plazos de entrega y tiempo de validez de oferta.
- Calcular depósitos, garantías, etc.
- Designar responsable con autonomía para el uso de la caja chica
- Abrir una cuenta bancaria temporaria.
- Instalar un mini-banco en los eventos donde hay mucho movimiento de dinero como las ferias y exposiciones.
- Abrir archivo de facturas.
- Calcular impuestos y derechos.
- Calcular imprevistos por pérdidas, daños, roturas, robos.
- Hacer una estadística de ingresos y egresos.
- Evaluar si se cumplió el objetivo económico.

## INGRESOS
- VENTA DE ENTRADAS (espectáculos, desfiles de moda, exposiciones y ferias, shows)
- INSCRIPCIONES, (congresos, seminarios)
- BOLETERÍA
- ALQUILER DE STANDS
- REVENTA DE PUBLICIDAD
- VENTAS DE ESPACIOS DE PUBLICIDAD EN: FOLLETOS, PROGRAMAS, CARTELES, AUDIOVISUALES
- VENTA DE ESTÁTICA
- SPONSORS
- EVENTOS INCLUIDOS EN OTRO EVENTO CON ACCESO OPTATIVO Y ENTRADA PAGA
- PORCENTAJE SOBRE LAS VENTAS
- PORCENTAJE SOBRE LOS REMATES

Los presupuestos pueden presentarse de dos formas, abiertos o itemizados y cerrados o globales.

Las dos formas son correctas y de uso actual, deberá evaluar con su contador cuál le conviene aplicar para su empresa. Veamos estos ejemplos "tipo" sin tener en cuenta las cifras, que son ficticias:

El presupuesto para presentar a un cliente puede ser realizado de dos formas, los dos son válidos y están en vigencia, cada una con sus pro y contras.

Presupuesto abierto o itemizado, o sea que se detalla cada uno de los ítems, por ejemplo:

- Sede
- Decoración o ambientación
- Servicio gastronómico
- Personal
- Seguros
- Impuestos
- Souvenires
- Vestimenta

- Uniformes
- Imprenta
- Alojamiento
- Traslado
- Equipamiento técnico
- Iluminación y sonido
- Filmación de videos

Y así, en cada caso, detallamos el valor de cada uno de esos elementos o servicios. Sobre esto deberemos calcular un 10% aproximadamente para imprevistos, siempre hay algo que no se tiene en cuenta.

# EJEMPLO DE:

## PRESUPUESTO CERRADO A     ## PRESUPUESTO CERRADO B

| Q *Mc. Fly Producciones* | |
|---|---|
| *Fecha* | |
| Descripción: por la realización de un cocktail para 100 personas con show de salsa. Incluye 10 recepcionistas y la ambientación según modelo que se adjunta. Honorarios aparte. | |
| | |
| TOTAL | $ 8.250.- (Incluye honorarios) |
| | |
| IVA APARTE | |

| Q *Mc. Fly Producciones* | |
|---|---|
| *Fecha* | |
| Descripción: por la realización de un cocktail para 100 personas con show de salsa. Incluye 10 recepcionistas y la ambientación según modelo que se adjunta. Honorarios aparte. | |
| | |
| TOTAL | $ 7.500.- |
| Forma de pago: 50% a la aceptación del presente presupuesto y el saldo 24 hs. antes de la fecha del evento. | |
| IVA APARTE | |

## COMERCIALIZACIÓN

Un evento puede ser un éxito desde el punto de vista de la creatividad y su impacto sobre el público, pero podría ser un fracaso, y tener consecuencias que podrían resultar muy graves, si no se atienden los aspectos básicos de su comercialización, aun cuando su finalidad no sea esencialmente ésta.

Deben tenerse en cuenta los siguientes aspectos:
- Evaluación de factibilidad.
- Consideraciones desde la ruta crítica.
- Análisis previos.
- Proyectos con caminos tentativos y alternativas.
- Ingresos y Egresos
- Control durante el desarrollo del evento.

Situaciones imprevistas que afecten la comercialización:
- Mal tiempo prolongado.
- Siniestros.
- Conflictos laborales.
- Accidentes de gran repercusión.
- Ausencias de atracciones centrales.
- Crisis de índole política o religiosa.
- Analizar la finalidad benéfica.
- Facturación.
- Aspectos impositivos.
- Requisitos aduaneros, derechos.
- Canjes.
- Sponsoreo.
- Programación de los tiempos para la venta de stands, espacios de publicidad, remates.
- Evaluación de la posible competencia.
- Coincidencia de fechas y motivaciones.

## CUADRO COMPARATIVO DE LOS DISTINTOS TIPOS SOCIETARIOS / ASPECTOS A TENER EN CUENTA PARA SU ELECCIÓN

| TIPO SOCIETARIO | FORMA DE CONSTI-TUCIÓN | COSTO DE CONST. Y DE CUMPLIMIENTO DE LAS DISPOSICIONES DE LA I.G..J. | RESPONSABI-LIDAD DEL SOCIO | TRANSMISIÓN DE ACCIONES PARTES DE CUOTAS SOCIALES |
|---|---|---|---|---|
| SOC. ANÓNIMA | Escritura Pública | De mayor costo que las restantes | Limitada al aporte | Se transmite con la simple entrega de los títulos, con anotación en el Registro de Acciones de ser nominativas |
| EN COMANDITA POR ACCIONES | Ídem anterior | Ídem anterior | Socio comanditado: subsidiaria, ilimitada y solidaria. Socio comanditario: Limitada al aporte | Socio comanditado: se necesita conformidad en asambleas con quórum y mayorías (Art. 2.44 ISC) y conformidad del cónyuge (Art. 1.77 Cód Civil). Socio comandatario: Ídem SA |
| SOC. DE RESPONSA-BILIDAD LIMITADA | Instrumento Privado | De constitución menor que las anteriores. De cumplimiento: ninguno | Limitada al aporte | – Conformidad del cónyuge – Requisitos para la cesión de créditos |
| SOCIEDAD COLECTIVA | Ídem anterior (1) | Ídem anterior | Subsidiaria, solidaria e ilimitada | Ídem anterior |

| TIPO SOCIETARIO | FORMA DE CONSTI- TUCIÓN | COSTO DE CONST. Y DE CUMPLIMIENTO DE LAS DISPOSICIONES DE LA I.G..J. | RESPONSABI- LIDAD DEL SOCIO | TRANSMISIÓN DE ACCIONES PARTES DE CUOTAS SOCIALES |
|---|---|---|---|---|
| EN COMANDITA SIMPLE | Ídem anterior | Ídem anterior | Socio comanditado: subsidiaria, solidaria e ilimitada. Socio comanditario: limitada al aporte | Ídem anterior |
| DE CAPITAL E INDUSTRIA | Ídem anterior | Ídem anterior | Socio capitalista: ídem comanditado Socio industrial: hasta la concurrencia de ganancias no percibidas | Ídem anterior |

(1) Puede optarse por escritura pública.

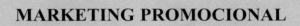

# MARKETING PROMOCIONAL

# MARKETING PROMOCIONAL

"Lo nunca visto"
*Por* RAFAEL JIJENA SÁNCHEZ (H)

La creación y producción de un evento empresario exige el análisis de una serie de variables relacionadas con claros objetivos de marketing y de las estrategias de comunicación dentro de las cuales, la publicidad y la acción promocional son herramientas fundamentales para la creación del "imaginario" deseado, es decir la imagen que se desea asociar con la empresa, marca o producto.

Si dentro de "imaginario" se desean destacar determinados aspectos como pueden ser por ejemplo la "imagen moderna, atípica o sorprendente", en toda la tarea de construcción de la *ingeniería de la imagen,* cada uno de los ladrillos que la componen deberá responder estrictamente a esta premisa y por lo tanto deberán subordinarse a ella. Habitualmente, en la presentación de una estrategia publicitaria (el guión de un comercial, un folleto o un aviso gráfico) se analizan dichos mensajes, no solamente desde el punto de vista de si es creativo o vendedor, sino también en demostrar si es la "imagen" de empresa moderna, de avanzada, etc.

Cuando llega el momento entonces de planificar un evento promocional, se debe pasar dicha propuesta por la misma prueba de fuego. Si en un comercial publicitario, hay clara conciencia de que una modelo debe transmitir los conceptos deseados no hay razón para que no se adopten idénticos criterios a la hora de elegir a un *team* de promotoras, por ejemplo, que no son otra cosa que el "imaginario" corporizado, la imagen viva y andante de la empresa; por lo tanto, todo lo que ella haga, se mueva, diga, el porte y actitud gestual que tenga, se asociará con la empresa que representa, ya que el público en general no sabe diferenciar si son profesionales contratadas por un evento puntual o forman parte integral de la empresa. Y estos conceptos son válidos tanto para el personal que se elija como para el menú que se sirva o la música o show seleccionado para amenizar, y mucho más en la elección del lugar donde se llevará a cabo el evento y que le dará "continencia". Por ello, es importante destacar que no es sólo por una razón presupuestaria que se elige tal o cual salón de hotel.

También de debe hacer el análisis de si el "imaginario" de ese lugar coincide con nuestro "imaginario".

Si un hotel tiene "imagen" de ser utilizado habitualmente por hombres de negocios y nuestro evento está relacionado con esa temática, estaremos haciendo la elección correcta.

Pero el problema que a veces se presenta, sobre todo en los casos en que por la índole de las actividades donde la misma empresa realiza eventos en forma seguida y con el mismo público, (ejemplo: una automotriz que tiene varios lanzamientos al año y sus invitados son siempre su red de concesionarios) el esfuerzo será aún mayor, magnificado demás porque la cantidad de invitados es muy grande, y además, no todos los hoteles tienen la capacidad deseada.

Entonces, en dichos casos, hay que hacer un esfuerzo especial de creatividad y utilizar recursos creativos del pensamiento como los que sugiere Edward de Bono con la ejercitación del "pensamiento lateral" (no insistir siempre en lo que se usa, lo conocido y trillado), sino en buscar otras alternativas, o aún el "opuesto", es decir, hacer exactamente lo contrario de lo que es habitual o de lo que se viene haciendo.

Para ejemplificar con casos concretos, recuerdo un evento del que participé, como creativo y organizador, junto con la agencia de publicidad Pragma FCB, relacionado con el lanzamiento de un modelo de la línea Fiat, el Fiat Duna.

La misma propuesta de la campaña publicitaria del Fiat Duna, "NUNCA VISTO", nos estaba diciendo que no se podía caer en un lugar común. Por esa misma razón, la elección del ámbito adecuado para montar el evento de presentación del nuevo modelo, nos exigió pasar revista a los atributos que formaban parte del "imaginario".

El *italian design* era la principal propuesta, por lo tanto, debía buscarse algún ámbito relacionado o asociado con lo "itálico", y en lo posible, con lo artístico. Un rápido repaso de las propuestas hoteleras de Buenos Aires descartó de plano la oferta conocida. Aún así, aunque existiera un *Hotel Rafaello*, seguramente no hubiera sido ninguna novedad que allí se realizara un evento empresarial automotriz. El camino lateral se impuso. ¿Por qué no hacerlo en un teatro? OK, pero ¿en cuál?. La respuesta no se hizo esperar: en el ¡Teatro Coliseo! Desde su nombre, conocida es su vinculación con la cultura italiana, además de estar en el mismo edificio del consulado italiano y de ser el ámbito donde se presentan los grandes espectáculos de origen itálico. Ya, de por sí, sería algo "nunca visto". Pero enseguida surgieron los problemas. Sirve como marco ideal, ¿pero cómo vamos a hacer para servir en un teatro un banquete para 500 personas y para que haya lugar para que aparezcan varios Fiat Duna en el medio de la comida? El pensamiento por "opuestos" nos dio la solución.

¿Cuál es el opuesto de la existencia de cientos de butacas en una platea? La no existencia de las mismas. Primero se pensó en desarmarlas y transformar todo el teatro en un gran salón. La solución fue más práctica, fácil y segura.

Se decidió tapiar con una estructura de *acrow* (madera y caños) montada por encima de las butacas al mismo nivel que el escenario. De esta manera el teatro se transformó en un gran salón de banquetes y en el momento oportuno, se abrió el telón y aparecieron los Duna envueltos en nubes de humo; y otro tanto sucedió en el show, donde todo reunía características de "Nunca Visto". Algo muy similar nos pasó con el lanzamiento del Fiat Uno, al cual se quería asociar con el número uno. El imaginario para este evento era tan exigente que debía estar asociado exclusivamente con las primeras figuras, "los Número Uno". Descartados los grandes hoteles, y hasta la propuesta de hacerlo en el hangar de un aeropuerto, nos surgió una alternativa nunca antes dada para estos fines: el Luna Park.

Así fue como se lo decoró y ambientó tal como un lujoso hotel, forrándolo interiormente como una caja negra que ocultó las tribunas. Tiempo después uno de los "números uno" invitado a dicha fiesta de lanzamiento, y que habitualmente suele lucir este número acompañado de un cero en su camiseta de futbolista, se dio el gusto de organizar en el mismo Luna Park, (también lujosamente ambientado a tal efecto), su fiesta de casamiento.

Era Diego Armando Maradona, quien seguramente podría haber sido el autor de este consejo: *"Siempre se necesita de alguien para dar el puntapié inicial".*

RAFAEL JIJENA SÁNCHEZ (H)
*Creativo publicitario y promocional y editor periodístico.*

# DIFUSIÓN, PUBLICIDAD, PRENSA

## DIFUSIÓN, PUBLICIDAD, PRENSA

Una vez determinados los objetivos, el lugar y la fecha, el tipo de concurrencia y el mensaje que busca transmitir el evento, habrá que concretar su adecuada difusión. Si es masivo se logra a través de los medios de comunicación gráficos, (diarios, periódicos, revistas, publicidad en vía pública, afiches, volantes, etc.) radiales, (radios AM y FM), televisivos, (canales abiertos y de cable), vía Internet, envíos de mail, páginas web, presencia en buscadores (ej., Yahoo, Google) además de los news on line.

Aquí hay dos grandes campos, el periodístico y el publicitario.

**Prensa**

Hay cuatro aspectos periodísticos que le interesan al organizador de eventos:

- Cómo informar e interesar a los medios de comunicación.
- Cómo realizar el lanzamiento informativo del evento.
- Cómo editar los medios propios, si el evento lo requiriese.
- Cómo organizar el seguimiento, archivo y previsiones a futuro.

Para interesar a los medios primero habrá que informarse en detalle de las diferentes características, del mensaje que se desea transmitir y de los aspectos de interés general para el público que el evento pueda contener.

Hay que diferenciar entre los intereses del público y los intereses de quienes realizan el evento. No siempre lo que le parece importante a los impulsores de un evento resultará de interés para el público. Habrá que adoptar los recursos para interesarlo y que éste capte o reciba lo que se le quiere decir.

Para esto, es fundamental lograr capturar el interés de quienes editan los diferentes medios periodísticos. Ellos saben qué les interesa a sus lectores, oyentes o televidentes. Y, dentro de cada segmento del público, hay diferentes medios que atienden a sus distintos intereses.

El organizador de un evento, entonces, primero debe definir con precisión a qué tipo de público quiere llegar. Luego, analizar qué medios periodísticos tienen alcance a esos sectores del público.

Una vez determinados estos aspectos, lo que puede hacer el organizador es una lista de esos medios. Al lado de cada título tendrá que anotar las secciones o programas donde interesa publicar la información. Seguidamente, deberá averiguar los nombres de los responsables o editores directos de esas secciones o programas (en los diarios serán redactores o encargados de secciones, en radios y programas de TV o cable serán los productores de cada uno). Si se trata de medios chicos, podrán registrarse los nombres de sus directores, pero en los medios más grandes no servirá de mucho (es mejor dirigirse a los responsables directos y no correr riesgos de que nuestra carta se extravíe dentro del sistema de correos interno de esos medios).

La forma de interesar a estos responsables es pensar en el público al que están enfocados y buscar elementos de interés. No será lo mismo un tema para el lector de *La Nación* que para el de *Crónica*, por ejemplo. Y dentro de cada diario, habrá temas que le interesen a la sección Deportes, otros a Economía o Empresas y otros a Educación, Espectáculos o Información General.

## CLARIFICAR Y DEFINIR EL OBJETIVO

Si la definición del objetivo de un evento es algo importante para encarrilar los pasos iniciales de su planificación, cuando se considera su difusión periodística llega a ser fundamental. Desde luego, es posible que cuando se lanza un proyecto de evento, sobre todo cuando se trata de motivaciones políticas o de connotaciones comerciales donde prime alguna cuestión subjetiva de imagen, su objetivo no pueda hacerse explícito públicamente. A veces, hasta el objetivo final no está muy clarificado ni aún para algunos de los propios directivos del grupo promotor (sobre todo, si se trata de empresas, algún organismo estatal o entidades políticas muy importantes), pero quién se encargue de desarrollar una campaña publicitaria o de prensa deberá estar perfectamente informado de los alcances últimos que se buscan lograr. De su habilidad y tacto dependerá el informarse y detectar cuál será esa motivación, así como para mantenerla también en secreto tendrá que utilizar su reserva y discreción profesional.

## CÓMO INTERESAR A LOS MEDIOS

Dentro del ámbito periodístico se dice que un tema merece publicación cuando es "noticiable". Entre la infinidad de información que se elige, y a la que se valora según prioridades para destacarla o no, figuran cuatro factores:

- Actualidad
- Proximidad
- Magnitud
- Interés

Cada editor sabe o intuye qué es de valor para sus lectores, oyentes o televidentes. Un medio periodístico trabaja sobre temas de actualidad, pero ésta varía según se trate de un noticiero que se emite cada media hora, de un diario que aparece cada 24 horas, de una revista semanal, o de una publicación mensual. Si tienen que publicar algo, será en relación con su periodicidad. El organizador de un evento que comunique a un medio determinado los detalles de lo que prepara, tendrá que tener en cuenta el tiempo, horario y fecha de cierre de ese medio para no entregar algo que esté pasado o demasiado anticipado. También, y si su evento tiene un desarrollo de varios días (o aún meses), deberá tener en cuenta cuales serán las instancias más importantes de ese programa.

En un congreso por ejemplo, el momento culminante podrá ser el acto inaugural o el del cierre, según los casos y también de acuerdo a las personalidades que concurran. Entretanto, el encargado de prensa podrá informar sobre otros temas de interés al periodismo, tales como las llegadas de figuras destacadas o declaraciones sobre aspectos determinantes que se traten en la reunión.

En eventos como la Feria del Libro o la muestra ganadera de la Rural habrá motivaciones diarias (la firma de libros por autores famosos o sus conferencias, la entrega de premios), mientras que cuando haya que vender stands se prepara un prelanzamiento donde se anuncian algunas novedades programadas (la Feria de las Naciones, la del Sol).

En cuanto a la proximidad geográfica, ésta se medirá en relación con el alcance y el mercado consumidor de ese medio, aunque también existe alguna relación indirecta con el entorno de los protagonistas, cuando ellos se hallen desplazados de ese lugar. Por ejemplo, el Festival de Cosquín interesa directamente a los medios periodísticos cordobeses pero también importará a otros medios, especialmente de los sitios de donde provengan los artistas que participan, como de la Ciudad de Buenos Aires o de otras provincias.

Respecto de la magnitud, éste es un factor que se utiliza cuando un editor debe priorizar una noticia sobre otra, por lo que no vale mucho para los eventos, ya que aquí puede darse el caso que un acto al que concurran pocas personas podrá tener mayor importancia noticiosa que otro multitudinario, según quienes sean sus protagonistas.

Y algo más que sí podrá utilizar el organizador de un evento, será el del interés que su realización tenga sobre determinados sec-

tores del público. Aguzando el ingenio y analizando concienzuda-
mente los distintos aspectos y protagonistas de su proyecto, podrá
transmitir esas facetas a los periodistas e interesarlos, en consecuencia.

Hace pocos años, un congreso de cardiología —que habitualmente pasaba desapercibido entre otras reuniones científicas de
similar valor— recibió un tratamiento periodístico muy destacado,
gracias que uno de sus organizadores (que era periodista) supo interesar a los medios en torno a aspectos de gran repercusión general,
como el dar a conocer que los infartos también podían afectar a los
niños o que el corazón podía ser operado y curado mediante una
novedosa técnica desarrollada por argentinos y que se llamó el
"echarpe cardíaco".

Conviene aclarar que la mayoría de los medios separa mucho los
campos propios de publicidad paga e información periodística. No
debe pensarse que bastará con pagar grandes avisos para que el
medio se ocupe de informar sobre ese evento. También hay que
tener en cuenta las limitaciones de tiempo y espacio de que disponen para tratar de facilitar su labor.

Hay diferentes medios y públicos que los atienden. Hay algunos
dedicados esencialmente a informar, otros procuran orientar (aún
en el mismo medio hay secciones para ello, como las secciones de
comentarios o el editorial, por ejemplo), otros prefieren entretener
(notas, historietas, acertijos) y otros prestar servicio, como las secciones de agenda o que presentan noticias breves sobre temas de
interés general.

Para informar a los periodistas sobre nuestro evento se distri-
buirán gacetillas (informaciones breves) cuyo contenido deberá responder a seis interrogantes básicos: qué, quién/es, cuándo, dónde,
cómo y por qué.

Si el evento lo justifica, podrá requerirse un lanzamiento de
prensa. Para ello, podrá organizarse una conferencia de prensa en
algún sitio adecuado. Si se quiere despertar el interés periodístico
desde el arranque, este lugar podrá también ser algo original y que

tenga relación con lo que pretendemos promover. Así, esta reunión de prensa podrá ya ser un evento en sí, por su escenario y por el mensaje que se quiera emitir.

También, y si el evento se prolonga y así lo requiriera, se podrá editar un órgano periodístico propio (revista, periódico o *news letter*) durante el tiempo que dure el evento (o aún antes y después).

## Medios especializados

Hubo y hay diversos medios periodísticos especializados dedicados a sectores dentro del vasto campo de los eventos. Así, tenemos que hablar de *Ferias y Congresos*, la decana de las revistas que dirige y edita desde hace 35 años Juan Carlos Grassi. Con una revista bimensual, una Guía de Congresos y Convenciones, y una Guía del Publicitario que aparecen cada dos años cubre muy bien toda la información sobre proveedores, próximos eventos, calendario de ferias, congresos y exposiciones. Desde hace unos años, dirige también al revista *Fiestas*, y como su nombre lo indica, dedicada a esta actividad especifica.

A este medio tenemos que agregarle el news letter semanal electrónico *Perspectivas*, de Nora Berrojalbis, el periódico *Eventos* de COE y el *News COE*; que buscan complementar la información sobre aspectos específicos de interés para quienes organicen además otro tipo de eventos.

# CREATIVIDAD
## ENTREVISTA A EDUARDO LERCHUNDI

# CREATIVIDAD

Podemos hablar de Técnicas Creativas Empresariales.

Recordando al ingeniero Eduardo Kornreich, uno de nuestros profesores, propongo utilizar diferentes técnicas para enriquecer nuestra propuesta.

• Dejar volar la imaginación, no autolimitarse. Ya la realidad nos hará bajar a las posibilidades concretas ya sea por impedimentos técnicos, económicos, de permisos municipales, de espacio, etc., pero si desde el vamos nos coartamos será más difícil lograr algo diferente. Primero fantasear, dejarse llevar como los niños, volar, luego, trabajar sobre una idea y empezar a desarrollarla.

• Torbellino de ideas (*brainstorming*). Escribir lo primero que venga a la mente, lo que salga, la asociación que hagamos, pero rápido, sin pensar, después veremos qué hacemos, qué descartamos, qué puede relacionarse y qué no.

• Desarrollar el evento a la inversa. Pensar todo al revés de atrás para adelante. Ejemplo: *Terminó el desfile, es la una de la mañana, tenemos percheros con 200, 300 prendas, accesorios etc. ¿Pensamos adónde los vamos a llevar?, la boutique está cerrada, no siempre se pueden dejar elementos en los salones u hoteles, no se hacen responsables, si no hay lugar con llave, necesitamos flete, ayudante, etc. Al día siguiente a las 8 de la mañana las prendas deben estar en el negocio.* ¿Se pensó todo eso? Si es así, lo felicito, y si no, ahora tomará conciencia.

• Pensar lo opuesto. Lo que no haría en ese evento. Ejemplo: en Mar del Plata como ejercicio organizamos un curso de básquet para chicos de un colegio. Comenzamos con los No. No a fumar, No a beber, ¡y allí nos dimos cuenta que al lado del colegio un quiosco tenía grandes carteles de publicidad de cigarrillos!

En otra oportunidad, para decorar un salón de fiestas, dijeron No al color negro. Estudiando las ventajas y desventajas del negro aparecieron otras propuestas, como que el negro brillante era más lujoso, las luces resaltaban más, el contraste con blanco, dorado y plateado era mucho mayor, lo que comenzó siendo algo negativo terminó en algo valioso y no pensado.

Entonces: primero nos sentamos con el cliente, solos o con nuestro equipo de trabajo, y ponemos sobre papel lo que va surgiendo. Luego veremos en cada caso qué es lo que nos condiciona, a veces será el factor tiempo, otras el económico, otras la tecnología, pero cada idea es como una herramienta, cuantas más tengamos, mejor nos podremos arreglar.

No descartemos nada de entrada, aunque nos parezca que no tiene sentido, por algo surgió esa idea.

¿Recuerda *Seis sombreros para pensar* y *El pensamiento lateral* de Edward de Bono? Siempre viene bien releerlos.


## ENTREVISTA A EDUARDO LERCHUNDI

"En un evento, el público
forma parte del espectáculo."

A Eduardo lo conozco desde hace muchos años, lo admiro y lo quiero, he seguido su trayectoria desde Caminito, el Teatro Colón, el cine y la televisión. Su cara de buen hombre (y es un hombre bueno); la dulzura de su mirada, a la vez que inquieta, su rostro tan especial, especie de mandarín chino y sabio, y la necesidad de un tiempo infinito para apreciar todo lo que puede decir.

Nos encontramos en el lobby del Hotel Regente, al lado de la cascada de agua, que si bien ahoga un poco nuestras voces, es un fondo musical. Trae carpetas de dibujos, bocetos, fotografías. Respondió de inmediato a mi pedido de entrevistarlo y se hace difícil encauzar nuestra charla, amigo de mi madre hasta su último día, es imposible no entrar en recuerdos. Pero le pregunto:

—*¿Qué es creatividad?*

—Un misterio... Aparece a cualquier edad, o no aparece nunca. Si bien hay algunas técnicas, es algo que llevamos dentro de una forma u otra y a veces estalla. Es una fuente de vida... que debe animarse para que surja.

—*Hablemos de imagen visual, de todo lo que ve el público.*

—Primero hay que conocer bien el presupuesto disponible. Al principio se vuela, y luego hay que aterrizar. Debe tenerse en cuenta que no siempre lo más caro es lo mejor. Y que el evento es un espectáculo, para un espectáculo de tango, que iba a 40 ciudades diferentes del Japón hubo que pensar primero en el traslado. Los directivos realizadores vinieron desde Japón para estudiar la propuesta y ver como se la llevaba a cabo.

Entre un evento y un espectáculo hay puntos de contacto. Un espectáculo es una acción de venta, el público viene y paga su entrada. El evento también es un espectáculo la gente especta, espera para ver algo, siempre hay espectadores en los eventos. Por ejemplo en los casamientos, en las fiestas, se va a ver también la belleza de las mujeres, la elegancia de los hombres, los mozos y su atuendo, su movimiento, la comida, novedades, cosas lindas, belleza, algo que atraiga, se espera algo diferente y a veces no se tiene en cuenta eso, o no se busca la persona profesional, se improvisa, se busca gente que no está en el métier, que no tiene experiencia y esto a veces sale más caro. Muchas veces hay que deshacer lo que otros han hecho mal porque no tenían la experiencia. Hay que pensar que en un evento, muestra, exposición, el público se integra y forma parte del espectáculo, forma parte de la decoración. Allí, el público está cerca y por lo tanto la confección y hechura tienen que ser perfectas. En el teatro se vende ilusión, magia, la iluminación juega un rol tipo vedette. Aquí, con las luces y la distancia se disimulan las imperfecciones.

—*¿Qué nos puedes decir de ambientación?*

—La luz es un factor primordial en cualquier evento, en cualquier tipo de ambientación. Te doy un ejemplo: para una fiesta de un bat-mitzva en el Plaza Hotel, se recreó el fondo del mar, todo era con decoración de elementos marinos, la iluminación en verdes azules y violetas que daban el color del fondo del mar, fue fantástico. Hasta la comida fue también pensada acorde, las ostras, enormes corales decorando la mesa. En el Alvear Palace, para un casamiento, se decoró el salón al estilo japonés. Se transformó todo y en el salón María Antonieta, se taparon las arañas francesas y se decoraron como si fueran farolitos, se hizo un puente de madera por donde pasaban las gheisas, con música de Madame Butterfly pero en ritmo de rock. ¡Resultó fantástico! En diversas formas se pueden recrear temas como el del terror, del miedo, de Halloween, temas de los vikingos, todo es mágico, es la belleza de la fantasía, de la ilusión.

—*¿Cómo es tu forma de trabajar?*

—Hay que estudiar mucho y guardar todo. Yo tengo mucha documentación, de distintos países, tengo todo clasificado por temas, libros, láminas, cosas que fuí coleccionando de distintos lugares y que cuando lo necesito, allí está. Lo que recogí desde que tenía quince años en mi trayectoria por el Teatro Colón, Caminito, el Cervantes y tantos otros.

—*¿Y en los eventos?*

—La responsabilidad en un evento es que tu idea no la aprueba una sola persona, generalmente hay una reunión de ejecutivos, en las cuales cada uno da su opinión. Yo he tenido suerte, como creativo, que les haya gustado a todos y no tener que cambiar prácticamente nada. Para eso hay que conocer al cliente pero también demostrarle que el evento es teatro, magia, ilusión por eso es eventual.

—*¿Utilizas muchos recursos técnicos? Por ejemplo, que caiga agua...*

—No siempre he podido poner en práctica esos recursos técnicos porque son muy costosos, ya sea en teatro o en eventos. Siempre he tenido que luchar un poco con el presupuesto, he tenido que adaptarme a lo que el cliente podía gastar. Pero hemos logrado igual el efecto.

Me hubiera gustado mucho pero, por ejemplo en *Los millones de Orofino*, que era al aire libre en el Teatro Caminito, tenía que llover. Entonces, en el primer plano, delante del escenario, puse una canaleta con un desagüe de vaivén y por arriba un caño perforado que hacía caer una cortina de agua, los actores actuaban por detrás con paraguas. El resultado es perfecto, y en muchas vidrieras, stands, muestras se utiliza este efecto. También están los rodillos con celofán, es un recurso que usaban los griegos y los romanos ya antes de la era de Cristo. Otra cosa muy económica que hice para un salón más chico fue con dos hojas de biombo puestas en ángulo, forradas con papel de escenografía, sobre las que apliqué recortada en cartulina negra una pareja de patinadoras y le puse nieve sintética con vaporizador. ¡Quedó fabuloso! En otro salón estaban las puertas de los baños a la vista. Trajimos otras puertas, hice una viñeta años 20 y otra 1900 con la silueta de un hombre tipo Humprey Bogart. Valorizando una cosa se disimuló otra. Otra idea, para una fiesta folklórica hice una rastra gigantesca con telgopor y papel plateado, las cadenas también de papel plateado y con liencillo barato (de 50 centavos el metro) hice ponchos. Bailaron adelante danzas folklóricas. Todos quedaron asombrados.

El ambiente no tiene que quedar recargado y a veces basta con sugerir, con ramas negras pintadas, techos de papel, o una pajarera podés dar un tipo de ambientación. Ya en la época de Cristo se empleaban recursos como el de caídas de agua desde canaletas. También se hacía en los circos, y en el siglo XVIII o en la época de Luis XIV y Luis XV se representaba en los grandes salones con efectos de truenos y relámpagos usando telas transparentes de color y movimiento. Da Vinci descubrió que quemando unos sulfuros (era en la época de la química y la alquimia y estaban muy adelantados) se simulaban relámpagos de luz azul, hacían trucos con cosas increíbles.

—*¿Qué es más importante: la técnica o el arte?*
—La técnica del arte es la que emociona, causa placer. La artesanía no emociona, te puede gustar, agradar mucho, pero combinando la técnica, la artesanía a veces, y el arte, llegamos a provocar esos efectos que hacen de un evento un momento de magia y encanto total.

# EVENTOS E IMAGEN

## EVENTOS E IMAGEN

Si sabemos que el Evento es una estrategia de Marketing Directo, como no asociarlo de forma inmediata con la imagen que proyecta ya sea de una persona ( en el caso de las reuniones sociales ) o de una empresa, institución, organismo en un evento...

En la antigüedad también se realizaban fiestas fastuosas con participación del pueblo. La coronación de Napoleón, y otros reyes o emperadores y sin ir más lejos las últimas bodas reales muestran imágenes acordes de las que mucha gente quiere participar aunque sea a través de la pantalla. En la biografía de María Antonieta, es un placer leer cómo realizaban los festejos de su cumpleaños, cuando se compartía de alguna manera y la fiesta también era para el pueblo. Y cuando se calculan los miles de velitas que necesitaban para iluminar los salones y jardines, creo que resulta apabullante.

Varias bombitas de luz de colores colgadas de un hilo eléctrico, con banderines, lo asociamos con las fiestas populares, que se realizaban en las calles, en la plaza del pueblo, y y con las callecitas de París.

Algún acordeón sonando "La vie en rose" o un lugar de Italia o la plaza de una zarzuela en España.

En las premiaciones, la famosa alfombra roja de la entrega de los Emmy, Martín Fierro, Oscar o gala a las que cada participante asiste, a veces lujosamente vestidos, y cada uno con su estilo, que a lo mejor después se pondrá de moda. Y tanto vemos en estas galas smoking y cola larga para las damas, como zapatillas y jean para otros.

Cada uno sacará sus conclusiones, y recordemos que también para la entrega de los premios Nobel, alguno ha ido, sin la vestimenta correspondiente a un acto de esa envergadura para demostrar su disconformidad o como para decir "a mí no me importa".

La siguiente nota de Carlos Méndez Paz (H) de su libro *Guía histórica y práctica del ceremonial* nos ilustrará y complementará lo dicho anteriormente.

La temática alude "al ser que festeja":

*Expondremos una característica, particularmente humana, que propicia la actividad ceremoniosa; nos referimos a nuestra inclinación por los festejos. Tal característica la vemos en la antigüedad, donde el hombre se hace un ser festejante en la ceremonia religiosa, como sucede en el acto nupcial entre Amon y Mut en el templo de Luxor. En esta ceremonia el rey egipcio consigue el vínculo divino, que le permite ostentar (proyectar su imagen) al igual que sus descendientes, la dignidad sagrada.*

*Los juegos de Olimpia fueron otra gran fiesta en la antigüedad; esas jornadas deportivas se realizaban en Grecia cada cuatro años y se iniciaban con la ceremonia a Zeus Horquios, el dios del juramento. En esas ocasiones y luego del triunfo, los mejores podían levantar su propia estatua en el santuario, alcanzando de esa forma también el ámbito sagrado. Todo ello, por cierto, se realizaba posteriormente al momento de haber recibido la corona del olivo y ser elevado por encima de los demás. La proclamación y el homenaje a los vencedores se realizaban en el recinto del consejo, donde también se efectuaba el banquete final. Durante la fiesta dedicada a Saturno los romanos se divertían y ponían todo al revés, pues los señores servían a los esclavos y éstos, a su vez, usaban sombreros en señal de libertad; las saturnales duraban varios días y eran alocadas fiestas donde todos se divertían por igual, hasta que concluía con la sangrienta ejecución del "rey de los bufones", práctica que luego se reemplazó por una muerte simbólica: la de su retrato.*

*A dicho ser festivo lo encontramos también en la fiesta desmesurada de los romanos, donde los primeros mártires cristianos alcanzaron la gloria eterna, como así en los actos formales, donde se honraba a los personajes más destacados de una sociedad, como sucedía en Roma al ingresar los generales victoriosos (...) El militar triunfante entraba y desfilaba en esas ocasiones junto a su ejército triunfante, trayendo consigo a los prisioneros y al botín conquistado, hasta llegar al Capitolio, donde efectuaba la reverencia sagrada y el agradecimiento a los dioses.*

Tengamos en cuenta que el pueblo asistía en las calles a esta entrada recibiendo la imagen de triunfo que indudablemente se proyectaba.

### Eventos culturales

No necesariamente deben ser aburridos, concepto que se tuvo durante muchos años, pero todo evento transmite cultura, creo que es una definición con varias acepciones, si partimos de la base de lo que es cultura, el significado de esta palabra.

Pero no sólo es la imagen del evento en sí sino de los que asisten. Recuerdo la frase de Eduardo Lerchundi, escenógrafo, que decía que... el evento es una reunión a la que asistimos y deseamos ver pero a la vez ser vistos, como sucede en los casamientos, fiestas, reuniones, o espectáculos, para lo que nos preparamos, vestimos y arreglamos porque sabemos que no sólo miraremos.

Por ejemplo, en un espectáculo durante los intervalos o las reuniones en el foyer del teatro antes del inicio son una circunstancia para mostrarnos (aunque a lo mejor no sea esa nuestra intención) o que lo provoquemos porque realmente deseamos ser vistos.

La imagen del teatro Colón, por ejemplo, que presenta en una velada de gala, es realmente, si no formamos parte de ella, una vidriera, donde no sólo se ve la moda, sino desde el punto de vista social con quién está cada uno, amigos que se pelearon y se va cada uno por su lado. Por el contrario, enemigos que asisten juntos, ni qué hablar del campo político, y la connotación que tiene si un líder del pueblo que proclama las socialización, la eliminación o acortamiento de las barreras de las clases sociales asiste a este tipo de manifestación artístico / cultural / social.

• **La imagen en el deporte**

Se desarrollan competencias, tiene que ver con el espíritu deportivo, con el culto del cuerpo y sus aptitudes físicas. A esto tenemos que agregarle la industria que se mueve alrededor, en merchandising, publicidad, vestimenta, el fenómeno que se fue dando , mediático y a veces como el ámbito adecuado para el lanzamiento o posicionamiento de una marca, otras como connotación benéfica.

Volviendo a la vestimenta y su transformación a través del tiempo, como consecuencia de valorar la comunicación y las estrategias de marketing recordemos que hasta hace no muchos años el tenista se vestía de blanco, la mujer con las clásicas polleritas plisadas, y los hombres short y remera, ese era su uniforme habitual. Actualmente los tenistas representan una marca (por lo que le pagan fortunas), y se cambian de vestimenta para cada partido. Son diseñadas especialmente para ellos, y son la cara de esa empresa.

El mismo Pichot acaba de lanzar una línea (zapatillas y remeras color rosa, pero para hombres, que es la moda en este momento) ni qué hablar de la vincha de Vilas y ahora Nalbandian, o Nadal. Además en estos eventos de índole deportiva, se aprovecha para invitar a figuras públicas que valorizan esa actuación. Allí se movilizan los medios televisivos, gráficos y radiales, que proyectan esa imagen mundialmente.

¿Por qué los países se disputan los campeonatos, torneos, competencias de toda índole? Porque no sólo podrán lograr un rédito económico sino porque es otra forma de hacerse conocer. Con cada acto de apertura de mundiales, olimpíadas, el mundo entero está pendiente durante horas frente a la pantalla del televisor, conociendo, en algunos casos la cultura de un país, analizando sus características y disfrutando de sus paisajes.

Cuando se realiza la vuelta olímpica de las delegaciones en los actos de apertura de eventos deportivos, la vestimenta, la disciplina, el orden, las personas que acompañan, los saludos que realicen, nos van expresando su sentir. Por otro lado la respuesta del público que comparten con banderas, pancartas o canciones y aplausos o silbidos, el paso de las delegaciones también se expresa, así como los barrabravas, con su vestimenta, pinturas en la cara y brazos, su apoyo o rechazo a esa delegación, podrá tener connotación política o simplemente diferencias estrictamente del ámbito deportivo.

Y una manifestación sobre este mismo tema; por Santiago Roccetti enviado especial de *La Nación*...

*Nos conmovieron y dejaron un legado inolvidable. En nuestro país no están dadas las condiciones para ser los mejores del mundo, pero el reconocimiento para este equipo trasciende cualquier resultado; solidaridad, compañerismo, humildad, vocación de sacrificio y compromiso son los valores por los que Los Pumas pueden sentirse orgullosos...* ¿esto no es imagen?

## Otros eventos

Cuánto podríamos hablar de los festejos del milenio. Pudimos ver celebrar a cada continente de acuerdo con su cultura, posibilidad económica, tecnología, y durante varias horas, estuvimos pendientes de ese EVENTO MAYOR que nos transmitió imágenes, brindándonos la oportunidad de conocerlos más.

## Eventos religiosos

Todas las manifestaciones religiosas, procesiones, consagraciones sacerdotales, ceremonias de las diferentes religiones, celebraciones de la asunción de los papas, obispos, cardenales, rabinos ..., se realizan dentro de un marco de solemnidad como marca el protocolo eclesiástico.

De acuerdo a la circunstancia será con gran boato, vestimenta especial, atributos que a lo mejor se utilizan sólo esa vez y se guardan durante años.

¿Transmiten el poderío de esa iglesia?

### Importancia de la imagen, del evento y del OPE

¿Quiénes están detrás de estos acontecimientos que irrumpen en el marco de nuestra cotidianeidad para destacar su presencia? Básicamente están en manos de hombres y mujeres de negocios, artistas, industriales, creativos, profesores, profesionales, pero también de organizadores, que suman sus aportes económicos y talentos para conseguir multiplicar los beneficios del éxito de tal o cual evento.

Para ello deben interiorizarse sobre la imagen que se desea proyectar.

Más de una vez ha sucedido que una empresa al borde de la bancarrota, realiza una acción de marketing y una campaña publicitaria espectacular, justamente para despistar y mostrar una imagen de éxito para el público o sus accionistas con el propósito de lograr un cambio en la mente.

*Tan importante como la idea misma es la forma y el modo en que se presenta.*

### FERIAS Y EXPOSICIONES

¿En que áreas se manifiesta la imagen en estos casos? desde la elección de la feria o exposición, el tipo y ambientación del stand, y la atención que brindan los recursos humanos. También es de relevante importancia el material gráfico, entonces desglosaremos.

La elección de la feria deberá ser acorde a lo que se ofrece, lo que sucede es que muchas ferias "se clonan" o sea que, para dar solo un ejemplo, se crea Expo-Bijouterie, y enseguida aparece otra denominada Expo-joya o Expo-alhaja, cada una con sus características diferentes, mejores o peores y ya que la inversión en dinero, tiempo y el esfuerzo que demandan es muy grande, habrá que seleccionar muy bien en cuál participar.

Algunas ferias ya son tradicionales por la decoración, el lujo de los stands, la preocupación por la decoración, o sea que este es el primer punto, la elección en la cual se estará presente. En segundo lugar la ubicación y tamaño del stand. Si bien es verdad que los valores condicionan la posibilidad de tener un stand de 3 x 3 m a otro de 300 m, cada empresa, organismo o institución hará lo que pueda dentro de sus posibilidades o la intención que tenga de invertir en ese tipo de acciones promocionales.

Luego vendrá la forma que se expongan los productos o se den a conocer los servicios. Con cuidado, buena iluminación, elección de los colores apropiados y de los elementos de decoración y exhibición. Muchas veces no se tiene en cuenta que se necesita un lugar para guardar el material y vestimenta, carteras, bolsos y demás enseres de quienes atienden el stand, y material informativo o promocional que muchas veces queda a la vista con cajas, bolsas y papeles.

El material promocional impactará o no por su calidad y diseño más allá de la información completa, y por último daremos relevante importancia a los Recursos Humanos. De nada vale la inversión en el mejor stand, pagar al mejor arquitecto y el personal de atención al público, si éste no está capacitado, a veces atiende cansado, de mal humor.

¿Quién no ha visto a alguna recepcionista charlando con los vecinos de stand o mascando chicle y desaliñada? Qué diferencia cuando con una sonrisa nos invitan a acercarnos, nos ofrecen en algunos casos sentarnos, nos convidan una bebida o nos hacen un obsequio, con total conocimiento para brindarnos la información que solicitamos. La vestimenta del personal marcará el estilo, las características, por lo tanto si deseamos señoritas con minifalda, para atraer al público, pensemos la connotación que a veces eso puede tener, contrastando con personal uniformado que distinga a ese stand y se asocie inmediatamente con los colores de alguna empresa o institución.

Pero la imagen de la empresa no termina con el evento, cuando cierra la muestra, en ese momento comienza realmente la atención al público, al visitante.

Si se ha prometido llamar o enviar material que no se tenía en ese momento o para ampliar la información, deberá hacerse en forma inmediata. O si se va a establecer una entrevista con alguien de la empresa, concretarla lo antes posible.

En el respeto del visitante y el cumplimiento de lo que se prometió se sigue dando la imagen de la empresa.

Uno de nuestros egresados, y ahora profesor de nuestra carrera de Organización de Eventos, escribió la siguiente nota de la que haremos una síntesis:

**La imagen – marca y su mercado**, *por el Arq. Nicolás Zárate*

## Las exposiciones

*Una imagen implica una identidad, una diferenciación como unidad coherente. La diferenciación desde el punto de vista del marketing es la base fundamental para destacarse en el mercado de las marcas. Sea cual fuere el nicho en el que trabajemos, se vuelve imprescindible que nuestra marca ofrezca una imagen personal y diferenciada.*

*En el mundo de las identidades de marca, la exhibición y continua exposición de las mismas se convierte en una valiosa acción para dejar una impronta en la mente de quienes pretendemos que consuman y transmitan el concepto de esa marca.*

*Uno de los espacios que mayor efecto generan en la memoria del público visitante son las exposiciones. ¿Cómo es que sucede este fenómeno? A partir de la combinación del concepto de densidad: una alta dosis de concentración de público interesado en una misma temática, en un sitio relativamente pequeño, y en un tiempo definitivamente efímero.*

*Si reflexionamos un poco acerca del origen de las exposiciones, podemos rastrearlo en los mercados de la antigüedad y su desarrollo hasta los mercados del siglo XX, pasando por las exposiciones universales, en los cuales la competencia pasaba por mostrar y ofrecer el mejor producto, el más novedoso ya fuera en calidad, cantidad o precio.*

*A partir de allí la definición de una imagen de marca de una empresa para salir a competir en el mercado resultó imprescindible.*

Teniendo por un lado el desarrollo del mercado de productos tendiente hacia el mercado de consumo de imagen-ícono-marca, sumado a la aceleración del consumo masivo de dichas marcas, surge la necesidad de una exhibición constante de dichos íconos. Dentro de este marco, entendemos entonces, el crecimiento del mercado de consumo de la imagen-marca: las Muestras, Ferias y Exposiciones.

La competencia por destacar la imagen dentro de la amplia oferta del mercado de marcas (las exposiciones), implica una comunicación clara y eficaz de los conceptos y valores que de la misma pretende transmitir una empresa, para incentivar su posterior consumo de la marca – ícono. Allí radica la clave en la imagen de una exposición. El organizador de los espacios que albergarán de manera temporal la marca tendrá entonces el desafío de lograr dicha comunicación eficaz, haciendo uso, para ello, de todas las herramientas que se encuentren a su alcance en lo que respecta a la comunicación.

El diseño debe perseguir la búsqueda de espacios agradables a nivel ambiental para dar lugar a la comunicación eficaz de las imágenes – marcas. Debe lograr un equilibrio entre el diseño de la planta, la señalética, la cartelería, los aspectos ambientales, y los diseños de los stands de las empresas intervinientes, debiendo tener una visión global de lo que se persigue como imagen ferial.

### La imagen de una empresa dentro de una exposición

El traslado de la imagen de una marca a una feria o exhibición implica un diseño particular para cada caso, sin embargo, habrá ciertas normas de imagen en la tradición del uso de dicha marca que se respetarán para poder llevar a cabo una comunicación coherente, alineada con los principios estéticos y formales determinados por la empresa en cuestión. Para ello, el Manual de Marca, será el "abc" de las distintas aplicaciones que tiene el ícono, junto con todas sus versiones y posibilidades. Por otro lado, quienes estén a cargo de diseñar este espacio efímero para una marca en particular, tienen el desafío de innovar en cuanto a lo *referido en comunicación, sin que ello implique agresividad. Para ello las empresas utilizan todo un arsenal de profesionales de la imagen, desde agencias de publicidad, diseñadores gráficos, arquitectos, organizadores de eventos, artistas, escenógrafos, etc. El objetivo principal será la captación de público en torno al espacio contratado para la comunicación de la imagen-marca.*

*De cualquier manera, no debiera de olvidarse que si bien en la aplicación de herramientas para la comunicación de la imagen de marca impera un "todo vale", esta situación debe ser controlada en mayor o menor medida según las características del evento, ya que si bien una puesta en escena con múltiples tecnologías utilizadas que pretenden una captación de un público específico, puede tender a un rechazo a la hora de cuestiones tan simples y necesarias como una conversación de negocios.*

## REUNIONES SOCIALES

Pero volviendo a la imagen, indudablemente que lo visual es lo que nos impactará o no de entrada. La admiración que expresamos al entrar a un salón con ambientación, decorados, iluminación, arreglos florales, plantas, candelabros, livings, mesas y sillas en combinación de colores, es lo que nos asombra, el momento en que se abren las puertas que es como cuando se descorre un telón. Otra imagen la da el personal, la vestimenta de mozos, recepcionistas, camareras. Y además de la decoración de los platos y las mesas la atención al invitado (una vez más la importancia de los recursos humanos) que estarán atentos a nuestras necesidades. El personal representa al anfitrión, ya que en una reunión poco numerosa o más bien íntima la persona que nos invitó podrá atendernos en forma directa, pero desde el momento que se necesita más de una mesa , seguramente veremos que a veces se querrá proyectar una imagen de extravagancia, otras de lujo, otras de gran poderío económico.

La iluminación, la decoración, los shows o entretenimientos, la calidad de los souvenires, nos hablará de la cultura, formación, idiosincrasia de quien invita y también de quienes asisten a la fiesta.

En este caso la vestimenta tanto de los anfitriones como de los invitados también incide.

## BODAS

La ceremonia de casamiento y la fiesta que se realice, proyectan la imagen de los novios. Su sencillez o fastuosidad, también marcada por la edad, la clase social y el poder económico que a veces se quiere demostrar. Indudablemente que el lugar donde se realice la fiesta y la iglesia, templo o sede elegida para la ceremonia civil y religiosa demostrarán diferentes características de los novios y sus familias.

Cada día se estila más que durante las fiestas participe uno o varios shows, decoraciones y ambientaciones muy cuidadas, con detalles que antes no se tenían en cuenta.

Es cierto que hay personas que aun con capacidad económica que les permite realizar una fiesta fastuosa, realizan una reunión sencilla. Pueden ser familias muy tradicionales, o muy austeras, o con otros intereses. Todo ello se verá reflejado en ese momento. Las fiestas temáticas, la decoración de los salones, hacen de cada una de estas bodas, a las que podríamos agregar las fiestas de quince años que tienen varias de esas características, están muy de moda. La preocupación con que se analizan cada uno de los detalles, nos transmiten sentimientos y emociones, que son las que indudablemente desearon los anfitriones y organizadores.

Volviendo a la Organización de Congresos, veremos como éstos muestran la imagen de un país.

## LOS CONGRESOS COMO IMAGEN TURÍSTICA PAÍS
Colaboración del OPC Carlos Monferrer

*Hace ya bastantes años, en 1993 para ser más exactos, se desarrollaron en Buenos Aires el Xmo. Congreso y el IXno. Seminario Latinoamericanos de Organizadores de Congresos, organizados por AOCA, la en ese entonces Asociación de Organizadores de*

*Congresos, Ferias y Exposiciones de la República Argentina. Ambos eventos fueron realizados bajo el "paraguas" de la Confederación Latinoamericana de Organizadores de Congresos (COCAL). El presidente del Congreso y también presidente de AOCA, el prestigioso colega Jorge Castex, tuvo la deferencia de pedirme que fuese el vicepresidente ejecutivo del emprendimiento que se desarrollaría entre los días 19 y 23 del mes de abril del citado año 1993. Debo destacar que durante todo el período del precongreso, trabajamos codo a codo, y a mi entender con un gran profesionalismo…"*

*"Por ello, LA IMAGEN que deben transmitir en todo momento, no sólo representará a un congreso bien organizado, sino también a nuestro país en su conjunto".*

*Pero esta IMAGEN que debemos transmitir, sin duda está estrechamente ligada al "servicio" o "conjunto de servicios", que harán que la reunión sea eficiente y al mismo tiempo lucida en su realización. Sede, es importante una buena señalización, clara, sencilla, en idiomas y de buen diseño.*

## LANZAMIENTO DE PRODUCTOS, PRESENTACIÓN DE SERVICIOS

Esta es otra ocasión para brindar la imagen de la empresa, habrá que analizar muy bien cuándo, cómo y dónde se hará el lanzamiento.

Como siempre nos proyectaremos a través del tipo de evento, si el producto o servicio es de consumo masivo o para una elite, si está dirigido a determinado *target*, si es estacionario, a qué tipo de público está dirigido, el nivel socio cultural, económico, la edad y sexo.

También evaluaremos si es algo de temporada, como ser al inicio de clases todo lo referente a la educación, o si son elementos de uso exclusivo de primavera / verano (lentes de sol, mallas y trajes de baño, bolsos, cosméticos para la playa).

A veces se ha pautado una fecha pero nos enteramos que la competencia está preparando un producto o servicio similar por lo que muchas veces se hace necesario realizarlo antes de lo previsto, son muchos factores que entran en juego. La campaña publicitaria, el packaging, los puntos de distribución y promoción. Muchas empresas aprovechan los lugares de vacaciones (sea de invierno como Las Leñas o de verano las playas y balnearios de moda) y de acuerdo a lo que quieran manifestar será la campaña publicitaria.

Desde ya que el objetivo del lanzamiento es hacer conocer al público, futuros clientes, el producto o servicio, pero lo que se ofrece son las bondades y beneficios que obtendremos al elegirlo.

En algún caso será la "felicidad a través de la blancura perfecta", "la conquista amorosa con tal o cual perfume o desodorante", o "la tranquilidad del futuro ante los servicios de un banco o empresa de seguros".

La cura por medio de determinado medicamento merece por mi parte un análisis que he comentado en mis clases, que es la confianza que depositamos en un remedio a través de lo que nos inspira el laboratorio que lo produce. Además, por supuesto, de la confianza depositada en el profesional.

Pero la fuerza de la marca o el poder de la imagen y el prestigio de ese laboratorio es lo que nos lleva a creer, confiar en nuestra cura.

Muchos de esos laboratorios están en el extranjero, pero aun a los instalados en nuestro país, no los conocemos, físicamente, nunca hemos entrado. Suponemos, deducimos y sacamos conclusiones, (inconscientes o concientes) y dejamos nuestra salud en manos de esa pildorita, de esa droga, es algo tan indirecto y a su vez que incide en forma tan directa sobre nosotros, que creo que es el máximo exponente de la fuerza de la imagen de empresa y marca.

Estadísticas y palabras de profesionales nos llevan a confiar y entregarnos nosotros y a nuestra familia confiando en el mejor resultado.

Volviendo al evento a veces se realiza sólo para un público cerrado, o sea el cliente interno, otras para los medios especializados, en otras ocasiones directamente para todo potencial consumidor.

Y tanto podrá realizarse el lanzamiento durante una conferencia de prensa, como en un desayuno, o en súper fiestas espectaculares en las que toda fantasía y creatividad cabe. Desde enviar en un vuelo charter con los invitados a cualquier lugar, como traer de sorpresa a alguna figura artística, política, deportista o que interese.

La cuestión en cada caso es lograr el objetivo de mostrar a través del prestigio.

Y para cerrar este capítulo resulta ideal esta nota, para que veamos una vez más lo que hace la gente (en este caso artistas, directores, figuras importantes del jet set).

## EN LOS JUEGOS PANAMERICANOS DE RÍO DE JANEIRO 2007 ARGENTINA FUE DESIGNADA PRIMERA EN ELEGANCIA

Tal fue la superioridad de los buzos y las tradicionales prendas en azul, celeste y blanco, que los brasileños fueron quienes les dieron el título de "los mejor vestidos".

## IMPORTANCIA DE LA IMAGEN DEL OPE

"Hay que saber expresarse,
actuar, escribir y vestir
adecuadamente"

*El ambiente multifacético en el cual se desempeña el Organizador de Eventos, requiere una inter-relación incesante donde los logros están determinados tanto por la forma en que se conduce, como por la propia capacidad en el métier. No es suficiente sólo la gentileza y sentido común.*

*Existen cantidad de situaciones en el mundo de los eventos, comprendido dentro del ámbito de los negocios, que requieren el exacto conocimiento de saber expresarse, actuar, escribir y vestir adecuadamente, según las circunstancias.*

*Este desempeño, se convierte en una herramienta de trabajo fundamental, ya que un Organizador de Eventos es un profesional de Imagen y Excelencia en la Comunicación.*

*Tendemos a identificar el producto ofrecido con quien lo ofrece. Entonces, la focalización del cliente se dirige a la presentación general del Organizador, considerando las señales verbales (presentaciones, cordialidad, lenguaje) y no verbales (presencia, manejo del espacio, actitud).*

*Profesionalmente es axiomático que resultan más confiables las personas que generan una impresión no verbal altamente favorable, seguida de una presentación verbal positiva, que también logran mejores aperturas y se encuentran en posición de equilibrar las diferencias con éxito a su favor.*

*El mercado global, tiene un perfil cada vez más internacional. En nuestro país se acentúa, la afluencia de grupos empresarios extranjeros integrando empresas antaño exclusivamente nacionales y la comercialización local de marcas desarrolladas solamente en el exterior.*

*Otras culturas en forma muy diferente a la nuestra toman decisiones, acuerdos orales, intercambian obsequios empresarios u organizan agasajos, por lo que es importante conocer y aplicar las modalidades de un protocolo actualizado.*

*Meses atrás, estando en Tokio adonde no viajaba desde hace quince años, pude observar la vigencia y desuso de diferentes actitudes protocolares en torno a un evento.*

*Allí asistí a un almuerzo empresario de alto nivel, ofrecido por una empresa japonesa en honor de dos empresarios argentinos como despedida y con motivo del fin de su estadía en ésa.*

*Ofició de anfitrión el presidente de la compañía extranjera y concurrieron su esposa y su hijo, que también era gerente de exportación; el gerente general, su señora y la secretaria ejecutiva. El grupo argentino lo integrábamos el presidente de la compañía argentina, su hijo, también director de la firma y yo.*

*Fuimos sentados a la mesa respetando las jerarquías, es decir el presidente japonés frente al presidente argentino, su hijo frente al joven argentino, su esposa frente a mí, el gerente general a la izquierda del huésped argentino, su señora a mi derecha y la secretaria a la derecha del joven argentino.*

*Los obsequios —forma proverbial de homenajear que comprende todo un ritual en cuanto a presentación, calidad y significado— fueron intercambiados al final del evento y entregados según las jerarquías mencionadas. Cada uno a su par. Los presentes para el gerente general, y la secretaria ejecutiva fueron entregados por mí en representación de la empresa, suplantando a sus pares ausentes.*

*A diferencia de esta ceremonia tradicional, llamó poderosamente mi atención la actitud social de las tres mujeres japonesas. Las esposas de los ejecutivos cuya edad rondaría los cincuenta y cinco años, sonreían con pudor ocultando su gesto con la mano derecha, no intervenían en las conversaciones, respondiendo apenas tímidamente a alguna pregunta, se sentían confundidas cuando los argentinos les cedían el paso en los diferentes accesos o ascensores y caminaban un paso detrás de sus esposos.*

*La joven secretaria, en cambio, tendía la mano profesional mente al saludar, conversaba y reía con naturalidad y ocupaba sus espacios al trasladarse teniendo en cuenta simplemente las alternativas del caso.*

*Fue notable observar allí la dinámica del Protocolo que, como la sociedad misma, evoluciona en sus usos y costumbres. Si bien reconociendo y respetando las estructuras formadas en la infancia, que aún ante la vigencia de otros modos, son muy difíciles de modificar.*

*Las razones de lo expuesto, sumado a la propia experiencia, muestran claramente que el Protocolo no es sólo aplicable en el fuero diplomático.*

*Organizar una exposición de cuadros con 120 obras de pintores famosos latinoamericanos, pareciera tarea de curadores exclusivamente. El lanzamiento de una nueva fragancia para mujeres sería sólo la actividad de especialistas en moda y marketing. La inauguración de un nuevo establecimiento de enseñanza, obra de educa-*

*dores. Y así podríamos continuar con una infinita lista de eventos que están presentes en el constante accionar de nuestra sociedad. El Organizador de Eventos debe acreditar técnica, formación y versatilidad, conocimientos envueltos en el halo de la creatividad, condición singular requerida para la producción de un aconteci-miento que es en síntesis la fantasía y celebración de la realidad que lo origina.*

*Pero, como profesionales la más efectiva comunicación se pro-piciará con el manejo adecuado de nuestro entorno, la corrección en las maneras del vestir y actuar eficazmente en entrevistas, reu-niones de negocios, presentaciones, incorporando conocimientos generales sobre las costumbres de otros grupos étnicos y respetan-do las variadas culturas.*

*Esto nos llevará a efectuar los pasos apropiados, en los lugares apropiados, en el momento apropiado.*

*Finalizando, concuerdo con el concepto que expresa una reco-nocida verdad:*

*"Tan importante como la idea misma es la forma y el modo en que se presenta".*

Lisette Sánchez de Mobellán
*Consultora en Imagen*

# CEREMONIAL APLICADO

# CEREMONIAL APLICADO

Las normas de ceremonial aplicadas a eventos implican el establecimiento de un sistema de relaciones y de ambientación que tenga en cuenta y coordine las reglas de cortesía y respeto para las personas, símbolos, ideologías, ritos, costumbres, modas y modos de los participantes en un evento. Se deben considerar,

**En cuanto a las personas:**
- Invitaciones (mensajes recíprocos e informaciones, formas y tiempos).
- Ubicaciones (precedencias, presidencias, acompañantes, vinculaciones con otras personas).
- Formas de expresión (escritos, discursos, gestos, actitudes, estilo).
- Información sobre costumbres, ritos y protocolo de extranjeros o poco conocidos.

**En cuanto a la ambientación:**
- Elección de lugares.
- Ornamentación.

**En cuanto al tiempo:**
- Planificación y desarrollo de todos los aspectos según tiempos reales: extensión y ritmo.

**En cuanto a la seguridad:**
- Compatibilización de los aspectos de seguridad personal y de bienes con el protocolo.

**En cuanto a las situaciones críticas y cómo solucionarlas:**
- Previsiones y caminos alternativos.

A menudo se tiene la responsabilidad de participar o llevar adelante muy variadas actividades como, por ejemplo: inauguraciones, aniversarios de plantas industriales, sucursales bancarias o de empresas, cámaras, fundaciones u oficinas comerciales, etc...

Las entrevistas y las visitas de autoridades oficiales o empresarias, de científicos o de personalidades de la cultura y sociales, de periodistas o delegaciones comerciales como también los agasajos o comidas y cócteles a autoridades nacionales, provinciales y municipales, a clientes, empresarios y proveedores o personal de la firma, son algunas de ellas.

Asimismo, los auspicios o mecenazgos culturales, científicos y deportivos o el lanzamiento de productos, las conferencias de prensa o bien la realización de jornadas, congresos, seminarios y exposiciones (nacionales o internacionales), aniversarios, son temas también en que debe participar el ceremonial.

Todo ello requiere una dedicación profunda y responsable que debe, necesariamente, articularse con profesionalismo y experiencia para llevarlas adelante.

La Real Academia Española expresa que:

**ETIQUETA** (del francés *etiquette*) es el "ceremonial de los estilos, usos y costumbres que se deben observar y guardar en las casas reales y en actos públicos solemnes", y "por extensión, ceremonia en la manera de tratarse las personas particulares o en actos de la vida privada, a diferencia de los usos de confianza o familiaridad".

**PROTOCOLO** según la Real Academia, proviene del latín *protocollum*: "Regla ceremonial diplomática o palatina establecida por decreto o por costumbre".

**CEREMONIAL**, palabra de origen latino: "Acción o acto exterior arreglado, por ley, estatuto o costumbre, para dar culto a las cosas divinas o reverencia y honor a las profanas".
"Serie o conjunto de formalidades para cualquier acto público o solemne".

El tratadista británico sir Ernest Satow expresa que:

**CEREMONIAL** es la presentación de credenciales de enviados extranjeros, las normas que rigen las relaciones del cuerpo diplomático con las autoridades locales, la precedencia entre los jefes de misión, las presentaciones en la corte, las honras fúnebres, las comidas de carácter oficial diplomático, las visitas de jefes de estado, etc.

**PROTOCOLO** es la parte escrita del ceremonial.

M. Tristany, define los términos de la siguiente manera:

**CEREMONIAL** es lo perteneciente o relativo al uso y práctica de las ceremonias, y por lo tanto, consiste en aquellas formalidades aplicadas en ocasión de un acto solemne, ya sea éste de naturaleza religiosa, pública (u oficial), o modernamente privada.

**PROTOCOLO**: conjunto de reglas atinentes al ceremonial diplomático o palatino establecido por ley o por la costumbre.

**ETIQUETA**: es el conjunto de estilos, usos y costumbres que se deben observar en las casas reales y en los actos públicos y solemnes. También se aplica al trato entre personas y a la manera de vestirse en ocasiones formales, en contraposición con el comportamiento que mantenemos cuando existe confianza o familiaridad.

La etiqueta tiene connotaciones más bien relacionadas con la conducta social, la urbanidad y la indumentaria, especialmente en ocasiones formales.

El ceremonial tiene relevancia pues, por más carácter democrático que le demos a una celebración o a un acto, de no respetar ciertas normas u ordenamientos, rápidamente caeremos en el caos.

Todo aquel que se dedique al ceremonial deberá tener constantemente en cuenta que su objeto principal, será el ordenar las jerarquías, evitando los conflictos, con la intención de que sus tareas siempre estén imbuidas por un sentido profundo de la armonía y la estética.

Guiar a los demás con firmeza, pero con tacto, de forma tal que queden persuadidos de que su lugar, su ubicación en un momento determinado, es precisamente donde nosotros los hemos colocado y no en otra parte.

Cuando se invita a personas del gobierno o del ámbito diplomático es necesario comunicarse con cancillería y los agentes de ceremonial que son los que nos indicarán los mecanismos necesarios en cuanto a programación, fechas, normas de seguridad, ornamentación, ubicación de las banderas.

Habrá que cuidar desde la forma de redactar las invitaciones, hasta el diseño, fecha y forma de entrega.

No olvidar el RSVP (las siglas internacionales que indican que debemos responder a la invitación confirmando o no nuestra asistencia).

Cuando están esas siglas debemos informar de inmediato nuestra asistencia ya que el organizador debe conocer de antemano la ubicación de las personas en el automóvil, el palco o en la mesa. (Dentro de las 48 hs. de recibida la invitación).

Respetar los tiempos tanto de inicio como de finalización.

Cuando hay extranjeros debemos conocer sus hábitos y costumbres.

Todo hace a que el desarrollo del evento sea lo más placentero.

## ATENCIÓN DE PERSONALIDADES

### Solicitud de audiencias

Cuando estemos organizando la visita de un alto ejecutivo extranjero, lo ideal será que acompañemos la solicitud con el curriculum vitae de esa persona. De esta forma facilitaremos no sólo la concesión de la entrevista sino también la conversación durante la reunión.

### Recepción de un VIP en la empresa

Cuando nuestra empresa reciba la visita de una personalidad, el jefe de relaciones públicas o el especialista de ceremonial deberá esperarlo en la entrada.

Si el visitante fuera un jefe de estado, o un ministro, quien lo recibirá en la puerta será el presidente de la empresa.

### Visitas a empresas

En las visitas profesionales, el ejecutivo o funcionario debe estar de pie e invitar a su visitante a sentarse en una butaca, mientras él mismo se sienta en el sofá o butaca, dándole su derecha.

Supongamos que un visitante perteneciente a otra institución, argentina o extranjera, ha sido invitado por la empresa "X" a permanecer en nuestra ciudad durante un período mínimo de tres días. Se aconseja tener en cuenta las siguientes pautas:

- Preparar cuidadosamente las visitas, con la mayor anticipación posible y acordando previamente los puntos principales del programa con la otra parte.
- Si nuestro visitante viene acompañado de una señora, se le debe organizar a ella un programa parcialmente diferente, del

que será responsable la esposa del anfitrión o la mujer más
indicada de la empresa que invita.

- Si viene acompañado de su secretaria, corresponderá a la
secretaria del ejecutivo atenderla en las actividades de fuera
del programa.
- Al visitante se lo debe recibir en el aeropuerto o estación, y
lo hará el anfitrión, acompañado por su esposa o secretaria.
- Los visitantes se deben desentender de su equipaje desde el
momento en el que llegan a su destino, de ello se ocupará un
empleado de la empresa, quien lo hará llegar al hotel donde
se alojarán.
- La primera impresión es fundamental. Se considerará,
especialmente, la vestimenta, los ademanes, la "imagen". No
se puede ir vestido de la misma manera a las cinco de la tarde
que a las ocho de la noche, sobre todo, en el caso de las
señoras.
- Si el visitante viene acompañado de su esposa, se le envían
flores al hotel, con la tarjeta del empresario anfitrión. Si
viene solo se le enviará a su habitación una botella de buen
vino a algo representativo de nuestro país.
- Una vez que se le acompañe al hotel no se lo debe agobiar.
Conviene dejarlo tranquilo el mayor tiempo posible que
permita el programa, a no ser que el propio visitante pida lo
contrario.
- Si no se ha hecho anteriormente en cuanto llegue se le
entregará el programa definitivo, con la información precisa
sobre las personalidades con quienes vaya a estar en
contacto, o sobre el congreso al cual se ha invitado.
- Si se organiza una excursión para su tiempo libre, conviene
sugerirle la ropa y el calzado adecuado para su mayor
comodidad.
- Hay que dejarle el tiempo libre que desee y que sea
compatible con el programa establecido, para que pueda
hacer lo que más le agrade.

- Si se da una recepción en su honor, se invitará a quienes le puedan interesar, y ubicarlo en la fila de recepción inmediatamente después del anfitrión. Si se tratara de un matrimonio, la esposa del invitado se situará al lado de su marido, y a continuación la esposa del anfitrión, y después de ésta pueden tener ubicación el segundo de la empresa, de manera que la mujer del anfitrión no quede en el extremo de la mesa.
- Cuando finalice la visita, se lo acompañará al aeropuerto de la misma forma en que se lo recibió, será de buen gusto hacerle un regalo u obsequio como agradable recuerdo de su estancia en nuestra ciudad.
- En caso de haber fotos o informaciones publicadas en la prensa, se le enviarán sin demora.

## Reuniones en empresas

*La convocatoria*: se informarán los motivos de la realización de la misma con el tiempo necesario para que cada concurrente elabore su aporte o su problemática.

*La asistencia*: será obligatoria.

*El horario*: puede ser a primera hora de la mañana o después del almuerzo, se convendrá de acuerdo a las obligaciones de cada participante y necesidades.

*El lugar*: en el lugar más amplio y cómodo de la entidad. Si el lugar lo permite, lo ideal es que los concurrentes estén sentados en círculo.

Se nombrará un "moderador", que recogerá las opiniones y los aportes y las conclusiones a las que hayan llegado por escrito y en forma ordenada.

Habrá un acta de reunión, que la realizará el mismo moderador con ayuda de quien toma nota de los temas tratados.

Se establecerá un orden para intervenir haciendo uso de la palabra.

### Las visitas en empresas

- La persona que recibe en su despacho deberá comportarse como un anfitrión; si se encuentran con él uno o varios colegas en el momento de llegar el visitante, deberá proceder a efectuar las presentaciones, mencionando los cargos que estas personas tienen en la empresa.
- Mientras se está con un visitante no deben atenderse llamadas telefónicas, salvo las que tienen relación con el asunto que se está tratando, en cuyo caso se debe pedir disculpas y atenderlas con la mayor brevedad.

## PRESENTACIONES

- Los tres puntos a tener en cuenta son: edad, posición social y/o profesional y sexo.
- El nombre del caballero presentado a una dama se enuncia primero y es ella que tiende la mano primero o saluda con la cabeza, según las circunstancias.
- El inferior es presentado o se presenta al superior.
- Quien presenta deberá decir a la persona de mayor condición: Señor presidente, le presento al señor X. Con respecto a las mujeres, se procederá de igual manera, en situaciones similares.
- Cuando en un salón se encuentran señoras y señores sentados formando grupos y el dueño de casa recibe a una nueva invitada, corresponde que las damas y los caballeros se pongan de pie. Si se trata de un invitado, sólo los caballeros adoptarán esa actitud.
- La excepción se presenta para las damas cuando el presentado es una alta autoridad, el invitado de honor un miembro del clero o un caballero muy anciano y de encumbrada condición. En estas presentaciones, los anfitriones presentarán al invitado pronunciando el nombre y la calidad del que llega y luego los de las personas del grupo.
- No se aconseja decir, cuando se nos presenta a una persona "mucho gusto, o encantado", sino más bien pronunciar

nuestro nombre y cargo si corresponde. En el momento de la despedida sí podemos decir "he tenido mucho gusto en conocerlo", etc.

- Es correcto decir simplemente el nombre y apellido de las personas presentadas, pero procurando respetar el orden de precedencia.
- Asimismo es simpático hacer una breve referencia que sirva como punto de partida para iniciar la conversación.
- Cuando se presenta un matrimonio, corresponde citar el nombre de los dos, seguido del apellido del marido; por ejemplo: Juan y María Sánchez del Cerro. Incluso si se presenta solamente a la esposa, lo tradicional es hacerlo con el nombre completo de ella, agregando el del marido, que ha tomado al casarse.
- Actualmente, sobre todo si ejerce una profesión, prefiere ser presentada con su propio apellido, al que no está de más que añada el del marido, si es que lo desea. Por ej. María Gorriti, señora de Faisal.
- Es importante tener en cuenta que saludaremos con un beso cuando estemos seguros de que se nos devolverá el saludo y que será recibido como algo natural, de que no va a extrañar a quien lo recibe, en caso contrario hay que abstenerse.
- Nunca se debe mirar a otro lado mientras se está saludando a alguien.
- Si no escuchamos bien el nombre de quien se nos ha presentado, lo correcto es pedir que se nos repita, no debemos quedarnos sin saberlo.

### ¿Por qué agasajamos?

Para devolver la hospitalidad que nos ha sido ofrecida.

Para conocer a una persona que nos pueda interesar como posible socio, colaborador o miembro de nuestro trabajo.

Para agradecer un favor, lanzar un producto o servicio, inauguración de una empresa o institución, para darse a conocer uno mismo.

Para reforzar la relación con viejos clientes, asegurar y enriquecer la clientela.

Para honrar a una persona, organización o empresa.

Para convencer a los dudosos.

Para conocer a la competencia y averiguar sus objetivos u obtener su cooperación en cuestiones de interés común.

Para solicitar consejos o asistencia acerca de un proyecto.

Para ayudar a una Organización No Gubernamental.

Para ayudar a reforzar la imagen de una empresa adentro de la comunidad.

Aunque las razones pueden ser variadas, la elección de tipo de agasajo dependerá de:
- El objetivo.
- Los medios económicos disponibles.
- Los recursos humanos y técnicos.
- El lugar.
- El tiempo que se dispone para ello.

### Almuerzos

Aunque la etiqueta para este tipo de reuniones será igual a la utilizada para las comidas a la noche, los tiempos y menúes serán diferentes.

Las invitaciones indicarán un horario más ajustado.

La hora que marca la invitación deberá respetarse al máximo, y es perfectamente correcto retirarse inmediatamente después de tomar el café.

Si un invitado se retrasa, se podrá comenzar sin él, y comerá a partir del plato que estén comiendo los demás comensales.

### DISCURSO Y BRINDIS
- Debido a que en comidas oficiales habrá discursos y brindis, lo ideal será que el anfitrión envíe una copia de su discurso o brindis al invitado de honor. De esta manera le permitirá preparar la respuesta.

- El orden para los discursos será: en primer término hablará el dueño de casa, por último lo hará el invitado de honor.
- Al término del postre y una vez servido el champagne, el dueño de casa se pone de pie, lo que pone fin a las conversaciones. Si la comida es íntima puede quedarse sentado.
- El agasajado agradece el brindis en la posición que adoptó el dueño de casa, ofreciendo un brindis por él y, de estar presente, por su esposa.
- Cuando el anfitrión es una autoridad importante y el agasajado otra personalidad de relevancia, el homenajeado se pone de pie y el resto de los comensales hacen lo mismo y todos beben un sorbo de champagne.
- Quien invita indica al homenajeado y al resto de la mesa que pueden sentarse al dejar la copa sobre la mesa.

## EL BRINDIS EN LA OFICINA

**Lo que no debe hacerse en un brindis:**
- Invitar el mismo día.
- Encargar a una secretaria sin experiencia social que se ocupe de todo.
- Colocar la comida en bandejas de cartón.
- Poner casi exclusivamente aperitivos de bolsa.
- Usar vasos de plástico.
- Ir ese día con la misma ropa de siempre.
- Abusar de las familiaridades, aunque se esté bebiendo una copa.
- Hablar de temas de oficina.
- Que los jefes no se mezclen con sus colaboradores de menos trato, ya que es un momento oportuno para acercarse a ellos democráticamente.

## PAUTAS A SEGUIR PARA LOGRAR
## UNA BUENA ORGANIZACIÓN:

- Si la oficina tiene muchos empleados, deben repartirse invitaciones con el nombre de cada invitado.
- Si no hay otro sitio mejor y el acto se organiza en el despacho, deben desalojarse los muebles innecesarios.
- Centrar una mesa con mantel y pequeñas servilletas.
- Toda oficina donde con alguna frecuencia se den estos actos, debe tener copas de vino, vasos y fuentes de cristal para la comida, el material no tiene que ser necesariamente costoso.
- Procuraremos vestirnos de manera especial.
- Trataremos que los más jóvenes o de menor nivel jerárquico se sientan muy cómodos.
- Si hay que ofrecer un regalo, de acuerdo a las circunstancias, es el momento oportuno para hacer un brindis y dirigir unas breves palabras, dichas por la persona de mayor jerarquía.

### ¿Cuándo retirarse?
El momento para retirarnos será:
- Un prudencial tiempo después del café, entre 20 y 35 minutos.
- Cuando alguien más lo haga, si no quisiéramos ser los primeros.
- Cuando notemos cansancio en alguno de los dueños de casa. No olvidemos que recibir bien puede ser una tarea agotadora, sobre todo con poco personal de apoyo.

La manera más correcta para hacerlo será tratando de no interrumpir una conversación animada.

### TARJETAS DE UBICACIÓN
También llamada "tarjeta personal de plato" o "place card", sirve para indicar el sitio de cada comensal a la mesa. Puede o no contener escudo, anagrama o logo institucional y deberá situarse delante del plato.

Debe escribirse con tinta negra y según sea el caso el tratamiento, cargo y nombre del invitado o nombre y apellido, pero entre amigos bastará sólo con el nombre.

Por razones obvias en los lugares de los anfitriones o de las personalidades que presiden la comida no se colocan tarjetas.

## PRECEDENCIAS DE BANDERAS

### UBICACIÓN DE NUESTRA BANDERA
### Y BANDERAS EXTRANJERAS

- La bandera nacional se iza o coloca siempre a la derecha, tomándose como referencia la derecha del lugar central o de honor.
- En un acto se colocará a la derecha de las autoridades que lo dirijan, de los oradores, o de los conferenciantes.
- En una iglesia estará colocada a la derecha del altar, o del sacerdote cuando éste mire a la feligresía.
- Para colocar la bandera en los balcones de una casa, se utilizará la ventana que —mirando desde adentro hacia fuera— esté situada más a la derecha. Así, desde la calle, parecerá que está colocada a la izquierda.
- Para ubicar nuestra bandera con la del país de un jefe de estado visitante, procederemos de la siguiente manera:

  - En un salón: colocaremos la bandera nacional a la derecha del lugar central o de honor, a la izquierda de éste ubicaremos la del país visitante.
  - En el frente de un edificio: se ubicará correctamente la bandera nacional, a su izquierda —mirando desde adentro del edificio hacia fuera— la de otro país.

- Cuando deban colocarse las banderas de varios países se utilizará el orden alfabético para determinar su ubicación. Se colocará la bandera nacional en el centro y luego —respetando el orden alfabético— las demás banderas,

usando la prioridad de derecha y la de la izquierda
alternadamente.
- La bandera nacional siempre ocupa el lugar de honor.
- Si concurren otras banderas que no sean de otros Estados,
éstas debe tener igual o menor tamaño que la nacional.
- Si son de otros Estados soberanos, todas deben ser de idénticas
dimensiones.
- El orden de precedencias en conferencias internacionales es el
alfabético rotativo, en el idioma oficial de la conferencia o del
país en el que se realiza.

**Los lugares de honor son:**
- Cantidad de banderas par en ubicación central, corresponde la
derecha de la presidencia o de la fachada del edificio, si son
cuatro o más, se alternan de derecha a izquierda.
- Si es un número impar, corresponde el lugar de honor, el
centro.
- Si es un número impar con ubicación central, se puede
recurrir a tarimas con un centro más elevado. En este caso, la
bandera nacional estará en el centro, pudiéndose colocar a las
restantes en el nivel inferior. Un caso típico sería el de un acto
donde concurrirán tres enseñas, la nacional, la provincial y la
de una institución.

**Orden de oradores en un acto escolar**
1. Presidente de la Asociación Cooperadora
2. Representante de la Asociación Estudiantil
3. Docente
4. Director del establecimiento
5. Autoridad superior del Ministerio de Cultura y Educación,
cierra el acto.

**Himno Nacional**
Sólo se entona el Himno Nacional en los actos presididos por la
Bandera Nacional.

# GESTIÓN EMPRESARIAL
## ENTREVISTA A MÓNICA VARDÉ

# GESTIÓN EMPRESARIAL
## Ing. Mónica Vardé

> "Hagas lo que hagas,
> o sueñes que puedes hacer, empiézalo.
> La osadía tiene genio, poder y magia."
> JOHANN GOETHE

## Gestión del Microemprendimiento para los Organizadores de Eventos

En la actualidad, poner en marcha un emprendimiento nuevo, se convierte en una tarea de alto riesgo, dado el grado de incertidumbre que presenta la realidad socioeconómica, no solo de nuestro entorno inmediato, sino también en el ámbito regional y mundial. El fenómeno de la globalización ha hecho que esa realidad afecte, en forma directa o indirecta a todos los niveles y sectores de actividad.

Por lo tanto no basta con crear una empresa, sino que deberemos trabajar en una dirección tal, que nos permita asegurar su viabilidad y permanencia en el tiempo.

Las preguntas que surgen espontáneamente son:
- ¿Cómo hacerlo?
- ¿Cuáles son los pasos a seguir?
- ¿Qué es lo que debo saber hacer?

Lo primero que debemos saber es que no se trata de una receta mágica, sino de una buena cuota de organización y sentido común. El resto es atreverse a crear y creer en que lo que creamos, es el resultado de una prolija estrategia de trabajo, que nos llevó a evaluar las necesidades y las posibilidades del mercado.

El impacto económico, político y social en que nos hallamos inmersos y que afecta a todas las actividades humanas, nos permite decir que lo único permanente es el cambio.

## CONCEPTOS BÁSICOS

Para armar un *Microemprendimiento* será necesario recorrer 3 etapas a saber:
- Etapa de Planeamiento
- Etapa de Desarrollo
- Etapa de Puesta en Marcha

Partiremos del concepto que estamos organizando un emprendimiento en el cual la relación *Beneficio / Costo* deberá ser mayor a 1, lo cual implica decir que tendré un lucro o ganancia como resultado de la actividad que desarrolle.

Para ello se deberá
- Clarificar y contabilizar cuáles son mis recursos
- Tener suficientemente particularizado cuál es el objetivo a alcanzar en el corto, mediano y largo plazo.

## RECURSOS

Armar y llevar adelante un emprendimiento implica lograr objetivos con un mínimo de costos y un máximo de calidad, para lo cual será necesario saber llevar adelante la organización de recursos de distinto tipo.

## RECURSOS FÍSICOS

Son aquellos que constituyen la infraestructura de la empresa:
- Lugar físico
- Amoblamiento

- Insumos técnicos: PC, líneas telefónicas, fax, celulares, videograbadora y TV, vehículo etc.
- Papelería: Tarjetas, folletos, hojas membreteadas, etc.

## RECURSOS HUMANOS
En general podemos agruparlos en:
- Personal administrativo
- Asesores profesionales
- Proveedores
- Personal de maestranza y cadetería

## RECURSOS INTANGIBLES

- *Tiempo*:

El tiempo es siempre un elemento sustancial que debe tenerse en cuenta para obtener resultados satisfactorios. Las cosas no suceden de un día para el otro, ya que lleva tiempo tanto prepararse como ejecutar lo planificado. Por lo tanto se debe contar con disponibilidad de tiempo, y saber que esa carga horaria tendrá un valor económico como cualquiera de los otros recursos.

- *Conocimiento*:

*"Una persona aprende el 20% de lo que ve, un 20% de lo que oye, el 40% de lo que oye y ve simultáneamente y el 80% de lo que vivencia y descubre por sí misma"*. De allí la importancia de hallar el equilibrio entre el saber adquirido como consecuencia del conocimiento obtenido por la concurrencia a cursos, seminarios y congresos de actualización y/o lecturas de fuentes bibliográficas y la experiencia empírica, adquirida no solo como resultado del hacer, sino también como producto de la evaluación de resultados, la que dará lugar a la concientización de aquellos factores que influyen positiva y negativamente.

- *Aptitudes personales*

Uno de los primeros pasos a tener en cuenta para dar comienzo a un emprendimiento propio, es conocerse a sí mismo. Es decir, que Usted tiene que evaluar sus fortalezas y debilidades.

Dichas fortalezas y debilidades son aspectos individuales, los cuales hay que valorizar toda vez que estén sustentados en sistemas de creencias propios de cada persona y representen uno de los marcos de referencia más amplios para el comportamiento.

Se dice que cuando Ud. cree de veras algo, se comporta de un modo congruente con esa creencia. Por lo tanto habrá que revisar, aquellas creencias que son proactivas para incentivar su uso y las que son limitantes para resolverlas.

## PASOS DE LA ADMINISTRACIÓN

Para llevar a cabo dicha administración el Organizador de Eventos debe *Planear.*

Una de las deficiencias más importantes de la pequeña empresa es la falta de planificación, en especial a largo plazo.

Los principales beneficios de la planificación de la organización, son:
- Claridad de objetivos.
- Identificación de roles y responsabilidades de los integrantes del proyecto.
- Eliminar la duplicación del esfuerzo.
- Permitir la detección de las debilidades de la estructura.
- Facilitar el proceso de toma de decisiones.

Organizar es constituir el organismo de la empresa. Dirigir, lo cual implica:
- Mandar es hacer funcionar la empresa, guiar, conducir al personal.
- Coordinar es ligar, unir y armonizar todos los actos y todos los esfuerzos

Controlar es vigilar para que todo suceda conforme a las reglas establecidas y a las órdenes dadas. Es enterarse de los desvíos y tomar las medidas correctivas necesarias.

## PREVENCIÓN DE RIESGOS EN EVENTOS

No existen errores meramente humanos, ni existen errores meramente técnicos. El *accidente* es un evento no planeado ni deseado, que produce lesiones para las personas, daños a los bienes o pérdidas en el proceso productivo; debido a la ausencia de barreras y controles, o errores de planeamiento y operación. Por lo tanto, no es un tema ajeno a la Organización de los Eventos, en los cuales intervienen distintos rubros, cada uno de los cuales posee una serie de riesgos implícitos, propios de la actividad.

El riesgo cero no existe, pero sí el cero accidente (ausencia de accidente) y este cero accidente es posible a partir de la *prevención*.

*Prevenir* es anticiparse, evitar, impedir, advertir, de tal manera que el hecho que podría ocurrir, no tenga lugar. La prevención conlleva no sólo medidas de carácter técnico, sino también aquellas que permiten instalar en la sociedad una cultura de la prevención.

Para ello será necesario:

*EDUCAR PARA LA SEGURIDAD*: ampliando y aumentando los conocimientos acerca de la seguridad, con el propósito de inculcar una actitud atenta frente al peligro.

*ADIESTRAR PARA LA SEGURIDAD*: entrenando a los individuos para el desarrollo de la aptitud natural que cada uno tiene frente a las situaciones de peligro y en el manejo de los elementos y hábitos que hacen a la seguridad en situaciones de emergencia.

*CREAR UNA CONCIENCIA COLECTIVA DE PREVENCIÓN* entendiéndola como una actitud comunitaria hacia el riesgo.

La Prevención es por lo tanto un compromiso, que el Organizador Profesional de Eventos no debe eludir.

Ing. Mónica Vardé
*Septiembre de 2002*

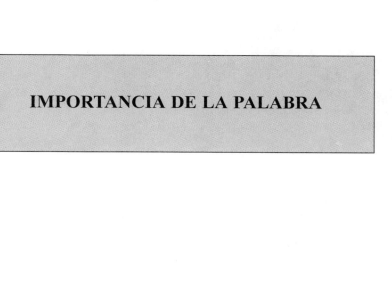

# IMPORTANCIA DE LA PALABRA

# IMPORTANCIA DE LA PALABRA

**Discursos**

Cuando deben hablar en público algunas personas sienten un sudor frío correrle por el cuerpo. Otras, están encantadas y se preparan para ello. Pero no todos tienen facilidad de palabra o pueden ser tan locuaces ante una multitud.

Para los primeros va esta guía. Pero tengan presente que esto se estudia, se practica, hay que entrenarse, para que nuestra alocución cumpla la finalidad buscada.

- Ser breve y conciso (concentrarse, no dispersarse).
- Practicar lo que se va a decir.
- Leerlo en voz alta.
- Ensayar en el ámbito, probar micrófonos, luces.
- Conocer el color del telón o pared de fondo para vestirse adecuadamente, (si fuera oscura, vestirse con colores claros o un tono menor para que se destaque.)
- Se puede improvisar pero llevando siempre una guía para no salirse del tema a tratar.
- Enunciar lo que se dice. Decirlo. Concluir con lo dicho.
- No jugar con las llaves, la lapicera, los anteojos, menos aún balancearse o moverse sin sentido.
- Ser naturales, expresar lo que se siente y hablar para todos. Mirar a la lejanía y al de la primera fila también.

• Un hombre nunca debe poner las manos en los bolsillos del saco, mucho menos del pantalón.

En cualquier acto que dure más de dos horas de locución. (Por ejemplo una entrega de premios) debe haber más de un conductor o locutor y de ser posible que se alternen hombre y mujer en el uso de la palabra.

Un recurso muy práctico para dominar los nervios previos: concentrarse en "inflar" en cada inspiración la parte inferior de los pulmones, encima del cinturón y del diafragma. Así también se aumenta la oxigenación y se logra que la voz alcance un tono más potente y profundo.

• Cuando hay una serie de discursos, el orden de precedencia de los oradores es a la inversa que en cualquier otra situación protocolar. Comienza hablando el de menor jerarquía para concluir el de mayor jerarquía, que es el que deja oficialmente inaugurado el acto. Ej: en la inauguración de la Rural, el que habla último es el Presidente de la Nación.

• Y aquí sugiero a las personas que tienen que hablar, directivos, profesionales, jefes de empresa, que si se ponen nerviosos (muy normal) si no saben modular o respirar, que tomen cursos de oratoria y practiquen, sepan por qué hablan y qué desean obtener.

• Recuerden que Mahatma Gandhi triunfó con la palabra y cuenta en su biografía que al principio, cuando tenía que decir dos palabras seguidas se desmayaba. Tanto era el miedo que le daba el hablar en público que el día de su primer juicio, recién recibido de abogado, y estando ya en el tribunal, en el momento que el juez le dio la palabra en el caso que pretendía defender, le dio tanto pánico que entregó sus propios papeles al abogado de la otra parte y salió corriendo.

Con esto quiero decir, que todo se aprende. Y que nadie está obligado a saber hablar en público, resultar interesante y atrayente, pero si su posición se lo impone, hay muchas técnicas de oratoria para ayudarle.

(Sugiero *El Manual del Orador* escrito por mi madre, Rosalía de Jijena Sánchez. Edición Planeta)

Si bien muchas de estas pautas son comunes al hecho de hablar en si como por ejemplo en el ámbito académico.

En un caso serán las palabras del rector en una graduación, en otra circunstancia podrá ser un directivo ante autoridades, en otro caso será una directora o supervisora.

El enfrentarse a hablar delante de determinada cantidad de personas supone una tensión, normal, porque estamos expuestos a las miradas, sabemos que observan, nuestra imagen, qué decimos y cómo lo hacemos, la actitud y el tono de voz.

Muchos síntomas físicos se manifiestan ante esa situación, sudor o temblor en las manos, a veces en las piernas, sequedad de garganta, voz quebrada......

Es difícil separar lo emocional de lo racional, pero acá debemos hacer algunas diferenciaciones. Primero debemos saber a qué público nos dirigimos, no es lo mismo hablar a alumnos, autoridades, otros docentes o a los padres.

Las circunstancias variarán, a veces será para dar una comunicación institucional, otras para explicar normativas o metodologías de evaluación, pautas administrativas o tantos temas que se deben comunicar.

Otras se indicarán cómo deberá ser el comportamiento de los alumnos en un viaje de egresados o de estudios.

También tendremos en cuenta si estamos en un auditorio, si hay una tarima o escenario, con una iluminación especial, si utilizamos un micrófono, en otra circunstancia podrá ser directamente en el patio, o salón de actos, en el SUM o directamente en un aula.

Pero en toda circunstancia el término "orador" puede resultar ampuloso.

Todo el que habla es un orador, podrá hacerlo mejor o peor, pero desde el momento que se está expresando oralmente sí lo es, podemos decir entonces que:

"El buen orador es el que habla lo bastante fuerte como para ser escuchado por todos, habla lo bastante lentamente como para poder seguirlo, articula y pronuncia correctamente, encanta a su auditorio halagando su oído por el cuidado que pone en permanecer en su registro natural, subraya su pensamiento teniendo en cuenta el ambiente en donde se encuentra".

Recordemos que no es lo qué se dice sino cómo se dice
Y uno de los problemas que se presentan es la duración, como siempre, ya sabemos que cuanto más breve, mejor.

Veamos los tiempos ideales:
- Un discurso, 4 ó 5 minutos (no político).
- Una charla de 30 a 40 minutos.
- Una conferencia poco más de una hora.
- Un brindis medio minuto.
- Un homenaje 2 a 3 minutos.

Pero el respeto máximo es el que hay que cuidar cuando son varios oradores.

En la inauguración de una Feria muy importante hablaron durante casi dos horas cuatro personas que de una u otra forma dijeron lo mismo hasta que el Vicepresidente de la Nación dejó formalmente inaugurado el acto.

Es una lástima porque se pierde la atención, la gente comienza a murmurar y desde el momento en que se debe pedir... "Por favor un poco de silencio...", o peor aún cuando se solicita... "un poco de respeto..." uno de los factores es que no se manejan los tiempos como se debe para que la gente preste atención.

Le ayudamos con algunas frases para comenzar:

*Cuando me invitaron a dar esta breve charla...*
*Quiero compartir con ustedes una experiencia...*
*Quisiera comentarles por qué elegí este tema...*
*Es para mí un día muy distinto porque...*
*La oportunidad que se me ofrece esta tarde...*
*Me han conferido el honor...*
*Me presento ante ustedes con mucha alegría porque...*
*Recuerdo el primer día que me puse a preparar este tema...*

...y éstas para terminar
*Y por último...*
*Antes de terminar...*
*Quisiera terminar mi exposición...*
*No podría despedirme sin...*
*Para finalizar veremos...*
*Quisiera finalizar mi disertación diciendo...*
*No podría dejar de comunicarles...*
*Llegando al término de mi charla...*
*Como broche final...*
*Imposible finalizar sin decirles...*
*Mi más íntimo deseo al despedirme...*

Y ahora unas palabras para hilvanar o reforzar nuestra alocución
*Voy a repetir...*
*Les invito a pensar...*
*Ustedes convendrán conmigo...*
*Quiero tomar como punto de partida...*
*Me permito recordarles...*
*Quiero asegurarme de que todos coincidimos...*
*Dicho de otro modo...*
*Sobre esto quiero aclarar...*
*No sé si me he expresado bien...*
*No sé si fui claro...*
*Quizá no fui claro...*
*Pasando a otro tema...*

*Tomemos este tema de otra manera...*
*Sobre esto vamos a volver en unos minutos...*
*Si nos atenemos a...*
*Si nos remitimos a...*
*Ustedes se preguntarán...*
*Ustedes convendrán...*

Otra diferencia la marca si leemos o si somos capaces de impro-visar, en algunas situaciones es obligatorio leer, por ejemplo, en el homenaje a un difunto.

# ORGANIZACIÓN DE EVENTOS PARA PERSONAS CON CAPACIDADES DIFERENTES

## ENTREVISTA A ALEJANDRO PÉREZ

# ORGANIZACIÓN DE EVENTOS PARA PERSONAS CON CAPACIDADES DIFERENTES

*Colaboración del* PROF. ALEJANDRO PÉREZ

## SOCIALIZACIÓN Y COMPROMISO HACIA LA PARTICIPACIÓN EN LA GESTIÓN DE PROGRAMA

El *compromiso* adopta una de las tres formas básicas: *comportamiento, comprensión* o *afecto*. Para los propósitos, el comportamiento implica desarrollar la función de generador o consumidor de actividades. Como ya se sabe, el generador a menudo es el propio consumidor, como en el caso de un jugador de tenis o del hincha de fútbol, que aunque esté en las gradas también es parte del partido y por ende del deporte. La COMPRENSIÓN en el ámbito deportivo es adquirir conocimientos e información a través de los medios de comunicación, es decir revistas, periódicos, programas de radio y televisión, el consumidor adquiere un mayor conocimiento. Aunque el desarrollo de la información del deporte para personas con discapacidad está siendo más difundida, aún son muy pocos los medios que lo hacen, y menos aún los que insertan esta información en los programas deportivos.

Finalmente el *afecto* está relacionado con las actitudes, sentimientos y emociones que el consumidor tiene hacia la actividad; en este aspecto el *afecto* sólo es manejado en un núcleo de personas que les tocó de alguna manera vivir esta actividad acompañando a algún familiar con alguna discapacidad, y resulta mas difícil generar una *obligación*, haciendo alusión a la frecuencia, duración e intensidad, o la voluntad de gestar dinero, tiempo y energía de ese compromiso con el deporte.

Parte de la socialización de las personas con el ámbito deportivo se da a través de la reciprocidad de factores significativos, como los llaman los sociólogos. Estos factores modelan tipos de compromiso o bien actúan como modelos.

Algunos de los más importantes son los familiares, los entrenadores, los profesores y los compañeros, estos factores trasladados al ámbito del deporte y la actividad deportiva con personas con discapacidad, no son totalmente transferibles, ya que sólo en el caso de los compañeros realizan la misma actividad.

Por esto es importante que a la hora de crear un programa de deportes para personas con discapacidad se refuercen las variables de *afecto* y *compromiso* para compensar los factores significativos mostrando modelos de deportistas locales y / o nacionales para incrementar la información y de esta manera generar cultural y socialmente el apoyo que se necesita.

**Actividades físicas y deportes para personas con discapacidad**
Las actividades físicas y las actividades físicas adaptadas tienen evidentes puntos en común con la educación física. Las actividades físicas adaptadas constituyen un término amplio que pretende recoger todos los ámbitos de intervención que no abarca la actividad física formal. Si los diferentes enfoques de la actividad física tienen como referencia la edad, el rendimiento motriz, el ocio y la recreación, las actividades físicas adaptadas tienen el mismo objeto de estudio, pero éste se materializa y lo hace de diferente forma al ser dirigido a personas con determinadas particularidades. Así cuando se describe la actividad física para los adultos mayores, se describen la adecuación de la actividad física a personas de la tercera edad, es decir las actividades físicas adaptadas a las personas de edad.

Cuando se interviene mediante las actividades físicas en personas con discapacidad, se habla de actividades físicas adaptadas a personas con disfunciones. Cuando se habla de actividades físicas para grupos marginales, se están describiendo actividades físicas para grupos específicos.

Desde el desarrollo lúdico al rendimiento motriz, del deporte profesional al deporte-salud, el objetivo de las actividades físicas adaptadas es alcanzar la óptima competencia motriz, con excepciones en el ámbito hospitalario cuyo objetivo principal es la rehabilitación y la recuperación funcional.

El planteo es hacia un modelo a seguir de interdependencia, donde se tenga en cuenta las capacidades de las personas (compañeros, sociedad, docentes, familia) y el aporte que cada una de ellos logra realizar en la enseñanza-aprendizaje, donde se debe escuchar al consumidor de las actividades y conocer las barreras para intentar cambiarlas. Cuando se habla de barreras en lo primero que se piensa es en las arquitectónicas, pero las principales son aquellas que como consecuencia hacen que existan las mismas. Como eje de estas debe citar al desconocimiento; y desde aquí se desprenden otras barreras como las de la comunicación y la de la indiferencia.

Desde el área que nos compete, es decir la Educación Física y el Deporte, se ha avanzado mucho, gracias al apoyo de las distintas ciencias y el trabajo de campo efectuado con cada uno de los colectivos, para los cuales se deben utilizar adaptaciones, con el objetivo del mejor desarrollo, según el potencial individual.

Es esta la forma de superar el desconocimiento y brindar la mayor cantidad de oportunidades de desarrollo a cada una de las personas, propiciando, en los lugares donde la realidad económica lo permita, el trabajo en equipo.

Debemos aclarar que hoy en día las actividades físicas adaptadas y el deporte para personas con discapacidad, se fueron especializando, teniendo en cuenta las diferentes características de las distintas discapacidades, es decir, que este ítem tendría que seccionarse a la vez en distintas especialidades:

- Sensorial: Visual – Auditiva
- Motriz: Parálisis Cerebral – Esp. Bífida – Poliomielitis – Otros
- Mental: Débil mental – Enfermedad Mental.

Estas especialidades se podrían dividir a la vez en dos grandes grupos:
- Actividades tendientes a la inclusión.
- Actividades para grupos exclusivos.

Las actividades tendientes a la inclusión son para aquellas personas que por sus condiciones pueden incorporarse con personas que llamamos "convencionales" o para nosotros con parámetros normales de salud en algunos de los niveles de prácticas físicas o deportivas.

La inclusión debe ser progresiva en el tiempo hacia la aceptación y en programas no categóricos, tendientes a la emancipación apartándose de un modelo adueñado por el profesor compartiendo responsabilidades.

Las actividades para grupos exclusivos son para aquellas personas que necesitan compartir un programa con personas de iguales características, para su mejor desarrollo o en resguardo de su salud.

**Actividad física para adultos mayores**

El grupo (a) abarca a algunas personas con discapacidad, a personas con insuficiencias respiratorias, a personas con trastornos cardíacos y a personas con anorexia, todos en grado leve y moderado. También algunas personas trasplantadas y personas drogodependientes recuperadas.

Los elementos claves para la inclusión son:

- Desde la perspectiva del docente, la formación en los profesorados y cursos de especialización.

- Desde la sociedad, campañas de sensibilización y trabajo en redes.
- Desde el participante, la inclusión gradual y voluntaria.
- Desde lo educativo, trabajo de apoyo a las familias.

Las deficiencias más profundas son abarcadas por el grupo (b), donde se programa y se planifica especialmente, alejándose en el caso de una escuela, del curriculum habitual, para armar uno nuevo, con objetivos a cumplir que tengan que ver con ese grupo en particular, valorando las capacidades individuales de los integrantes. En los grupos exclusivos colocamos también a la tercera edad, ya que con este colectivo no se descartan las actividades integradas, pero el objetivo principal de la actividad no es la inclusión.

- Cuando hablamos de salud estamos utilizando la misma en sentido amplio, dentro del marco especial en el que estamos planteando el tema.

## ESTRATEGIA GENERAL

Como marco institucional se entiende la orientación que se debe dar a la gestión de un proyecto en referencia al origen y función de la institución en la que se insertará o implementará este programa, y la infraestructura con la que se cuenta para el desarrollo del mismo.

Como marco técnico específico se entiende al lineamiento técnico seleccionado para desarrollar el programa. En este marco se debe seleccionar el tipo o tipos de discapacidad con las que se va a emprender la actividad.

### Marco institucional

Para garantizar el éxito del programa se deben conocer profundamente los objetivos institucionales y el marco legal institucional, para que la implementación se realice armónicamente, conociendo fortalezas y debilidades de la institución.

La pregunta es ¿qué se puede hacer?

Para esto debemos saber:
Tipo de institución: deportiva o no deportiva. Si es deportiva conocer en qué modalidad dentro de la clasificación de deportes se orienta: social, alto rendimiento, deporte de riesgo y aventura, deporte profesional.
Conocer los objetivos generales de la institución.
Conocer el espacio físico con el que se cuenta para desarrollar el programa.
Conocer la infraestructura donde se implementará el programa.
Hacer un diagnóstico de accesos y adaptación de espacios.
Si es con presupuesto adaptado (ya asignado) se deberá conocer con qué presupuesto se cuenta para este programa.
Realizar un diagnóstico de instituciones para personas con discapacidad en la zona de donde puedan proceder los participantes al futuro programa.

**Marco técnico específico**
¿Cómo hacerlo?
Debido a la complejidad del área, basada en las diferentes discapacidades se debe confeccionar un modelo para cada discapacidad y para cada orientación.

MARCO INSTITUCIONAL
Tipo de Institución:
Social – Salud – Deportivo – Educativo – Recreativo
Objetivo de la institución

## INFRAESTRUCTURA Y ESTRUCTURA
### (guía para tener en cuenta en el armado del proyecto)

| Espacio físico | | |
|---|---|---|
| Tipo de espacio | Características | Indicadores |
| Espacio deportivo | •Dimensiones<br>•Para qué deportes | •Adaptado o no<br>•Tiene iluminación<br>•Tiene adecuada ventilación<br>•Tiene aislamiento térmico<br>•Tiene mantenimiento |
| Espacio verde | •Espacio con árboles<br>•Espacio libre de árboles<br>•Espacio deportivo | •Con cuántos m²<br>tiene por participante<br>•Tiene mantenimiento permanente |
| Instalaciones complementarias | | |
| Comedor | •Capacidad | •Adaptado o no |
| Cocina | •Tipo de servicio | •Elementos suficientes para<br>elaborar la comida<br>•Elementos para servir la comida<br>platos y/o bandejas, cubiertos |
| Baños | •Cantidad de baños | •Adaptados o no |
| Dpto. médico | •Dimensiones | •Equipamiento |
| Salas de materiales | •Dimensiones | •Si es segura |
| Oficina | •Tipo de oficina | •Mobiliario<br>•Informática |

*(Continúa en pág. siguiente)*

*(Continuación de pág. anterior)*

| Espacio físico | | |
|---|---|---|
| Tipo de espacio | Características | Indicadores |
| Facilitadores | | |
| Servicios | | •Tiene agua corriente<br>•Tiene instalaciones de gas<br>•Cuenta con inst. eléctrica<br>•Tiene teléfono<br>•Tiene fax-mail |
| Accesos al lugar | | •Los accesos al lugar están bien señalizados<br>•Existe lugar p/estacionamiento de micros |
| Forma de acceso | •Tipo de transportes | •Líneas de colectivo<br>•Líneas de trenes<br>•Otros |
| Lugares con sombra | •Espacios verdes | •Horarios de sombra |
| Servicio de limpieza | •Existe servicio de limpieza | •Se dispone de personal suficiente |
| Centro médico asistencial más cercano | •Hospital | •Qué tipo de servicio tiene |
| Personal | | |
| Personal docente | •Cantidad de personas | •Situación (contratado-planta)<br>•Qué especialidades |
| Personal administrativo | •Cantidad de personas | •Situación (contratado-planta)<br>•Voluntarios |
| Personal de limpieza | •Cantidad | •Situación (contratado-planta) |

ALEJANDRO PÉREZ, *Prof. Nacional de Educación Física*

# LANZAMIENTO DE PRODUCTOS Y PROMOCIONES
## ENTREVISTA A JORGE SARDELLA

## LANZAMIENTO DE PRODUCTOS Y PROMOCIONES

Todo dependerá del producto, el público a quién va dirigido y el tipo de evento que se quiera realizar.

No es lo mismo hacer la presentación de un nuevo hilo de sutura para operaciones cardiovasculares, que presentar una bebida de consumo masivo *ideal para calmar la sed*, o una nueva línea de relojes de Cartier.

También habrá que analizar si se hace en forma conjunta para público consumidor y mayoristas o para interesar a la prensa. Así habrá que estudiar si esa presentación está condicionada a una determinada época del año (ciclo lectivo o para la época navideña, por ejemplo), si se hace en las instalaciones de la empresa, o en la planta de fabricación o serán necesarios los salones de un hotel. También el objetivo será diferente, una cosa será informar sobre los argumentos de venta, características, ventajas y beneficios del producto si la presentación es para vendedores o si hacemos una gran fiesta sin hablar de esto.

### La importancia de la promoción en el marketing actual
*Colaboración de* Jorge Sardella

*Nota especialmente redactada por Jorge Sardella, fundador de* Tiempos de Promoción, *revista argentina especializada en Marketing Promocional, y de los certámenes de Promociones & Eventos,* The Winners *y el* FIP (Festival Iberoamericano de Promociones & Eventos) *y de "Escuchando a los Número 1", equipo de profesionales, especialistas en Seminarios y Conferencias de Herramientas de Marketing.*

### Mucha agua "ha corrido bajo los puentes"
Desde aquellos incipientes años setenta en los que asomaban, tímidamente si se quiere las primeras promociones y eventos planificados en la Argentina.

La actividad que en los Estados Unidos tenía su propia asociación (la PMA) establecida desde 1911 nada menos, empezaba a exhibir cierto protagonismo en los presupuestos de marketing. En esos años, no existía medición alguna de los resultados de la inversión en esta disciplina.

Y la promoción fue durante más de veinte años, "la hermanita pobre" de la publicidad. Pero algo trascendente iba a cambiar los formatos de comunicación: la aparición de un monumental avance tecnológico referido en primer lugar al modelo de aparato de TV hogareño, donde el control remoto iba a asestarle el primer golpe a la lealtad del espectador, hasta ahí pasivo consumidor de avisos publicitarios.

Y luego la oferta del cable, de la mano de la transmisión satelital, definiría otro estilo de consumir avisos. Y obviamente, otro estilo para comunicar. Ahí nace la llamada "publicidad no tradicional" (PNT).

El hombre de marketing debería hacer algo. Y algo **hizo**. Volvió a poner sus ojos en aquella disciplina secundaria hasta entonces, y la elevó aún por encima de sus reales posibilidades hasta ubicarla, en muchos casos como protagonista principal de sus estrategias de comunicación. Y la llamó Marketing Promocional. Y abrió áreas de Eventos Especiales. El futuro diría si esto era merecido.

El auge de la computación y el consiguiente manejo de bases de datos, hizo el resto. Ahora era posible y hasta más fácil, ubicar el consumidor uno a uno, y entonces hasta se podría medir el efecto de una campaña e incluso medir los resultados de algo eventual.

De allí en más, todo irá de la mano de la imaginación creativa para utilizar cualquiera de las más que abundantes herramientas de Marketing Promocional que se pueden aplicar.

Empiezan ahí las discusiones sobre cómo lograr la lealtad del consumidor y arribamos entonces a la estación siguiente, el Marketing de Lealtad o Loyalty Marketing, mientras muchos se preguntan, erróneamente, si esta es "la última estación". Tampoco lo será como no lo fueron las estrategias de contacto.

El Marketing Promocional es el marketing de principios de siglo. El comienzo de la comunicación "one to one". La seguridad de la inversión bien ejecutada. La identificación positiva del cliente.

De aquí en más, su crecimiento también dependerá de la reacción de la Publicidad. Pero hoy en día es una realidad. Contundente. Excepcional. Actualizada.

En nuestro país conviven el viejo estilo de la promoción tradicional, basado en muestreos que sólo segmentan el ámbito donde se desarrolla la acción, equivocando muchas veces al receptor y el verdadero Marketing Promocional, llevado a cabo por profesionales de primerísimo nivel, que hasta pueden inventar personajes para una campaña. Convive con ellos además, la promoción con plataforma televisiva. Y también participa Internet aunque de forma incipiente. Nada es descartable.

Todo contribuye y además corre en un andarivel paralelo la ciencia del Marketing Directo, que más de una vez, transita los mismos caminos de demanda de las Promociones.

Esta realidad se irá afirmando día a día. "One to one"... Ya lo verá. Aunque creo que ya lo vemos porque todos los días somos el target de algún contacto...

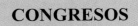

# CONGRESOS

# CONGRESOS

El objetivo primario y principal de los congresos es permitir el intercambio de conocimientos entre los participantes. De allí se desprende que organizar un congreso es crear los escenarios necesarios para que esa transferencia de conocimientos se desarrolle de la forma más eficiente posible. Pero para que ello ocurra es imprescindible contar con un adecuado Grupo Directivo

En general, en los congresos de magnitud, esta Dirección o Management funciona en forma similar al de las grandes empresas, ya que suelen tener un Directorio con un presidente y un gerente general, que ejecuta las decisiones del Directorio.

Los congresos por su parte, tienen un Comité Ejecutivo nombrado por la entidad organizadora, conformado por un presidente (muchas veces es el mismo presidente de la entidad) y contratan un OPC (Organizador Profesional de Congresos), o sea el "gerente de Proyectos" del congreso a organizar.

Las relaciones Comité – OPC son de gran relevancia, porque el OPC, al planificar y desarrollar la organización de un congreso, debe interpretar y cumplir cabalmente todas las directivas del Comité.

La organización de un congreso abarca 4 etapas bien marcadas:
- El pre congreso: abarca todos los procesos preparatorios para la realización del congreso, de duración variable. En él se toman decisiones básicas tales como la elección de la fecha y

de la sede, asimismo se definen los objetivos del congreso, el programa técnico con la finalidad de cuidar la calidad del servicio y la comercialización.
* El montaje.
* El desarrollo del congreso.
* El post-congreso.

**Las claves del éxito de un congreso son:**
* Un atractivo programa académico.
* Una adecuada previsión de los elementos de apoyo (organización).
* Una apropiada difusión.

**CONGRESO: SU REALIZACIÓN**
Para la realización del congreso son muy importantes dos factores:

1. Diseñar un adecuado organigrama con personas idóneas para cada función. El organigrama depende de cada congreso, pero en general abarca las áreas:
* Inscripciones e Informes
* Acreditación
* Secretaría
* Documentación
* Salas
* Turismo
* Actos sociales, entre otras

2. Realizar una previsión detallada de todos los hechos que se producirán, asignando las responsabilidades correspondientes. Para ello es conveniente 3 ó 4 días antes de la inauguración del congreso, reunir a los distintos jefes de área y analizar "lo que va a pasar". Surgirán así muchos detalles que pudieron ser omitidos y que cada responsable de área podrá subsanar.

En las jornadas y congresos es importante designar los comités, que se encargarán de la organización de tareas específicas.

**Comités:**
- Ejecutivo
- Organizador
- De prensa y difusión.
- Científico
- Técnico
- De finanzas
- De recepción y hospedaje

Tanto las jornadas como los congresos pueden tener diferentes modalidades: conferencias, mesas redondas, paneles, debates.

Además es sumamente **importante**:
- Redactar un reglamento para participantes y disertantes y fijar pautas para la exposición paralela.
- Definir actividades sociales, recreativas, culturales y turísticas.

## CONGRESO INTERNACIONAL
Aspectos a tratar:

## TEMÁTICA
- Determinación de objetivos (generales, específicos de asociación y de los participantes).
- Fijación de políticas y procedimientos.
- Propuesta y selección del lema.
- Propuesta y selección del logo.

## TIPO DE EVENTO
**Abierto**: a toda la comunidad relacionada con el tema, de libre convocatoria.

**Cerrado**: asisten sólo los invitados y participados. Generalmente se relaciona con lo oficial.

**Mixto**: asisten invitados especiales que no pagan inscripción y otros que sí abonan.

## FINANCIACIÓN
**Presupuestos**
- Estimación de costos.
- Disponibilidad de efectivo.
- Proyección de recaudaciones varias.

**Modos de financiación**
- Inscripciones.
- Auspicios.
- Alquiler de espacios.
- Otros.

## CRONOGRAMA
**Distribución de tareas**
- 18 meses como mínimo.
- Depende de la magnitud del evento y de la jerarquía de los expositores (por su agenda).

## FECHAS
Evaluar la no coincidencia de las fechas importantes en el país que reside (festejos patrios, religiosos, aniversarios de fundación, vacaciones, recesos, etc.).

## COMITÉS
**Organizador**
- Determinar las funciones de cada uno de sus integrantes.

**De honor**
- Cursar las invitaciones pertinentes junto con la información necesaria o visita personalizada.
- Confirmar asistencia.

- Envío de programas, pasajes, reserva de alojamiento y recepción al arribo.

## DISERTANTES

- Propuesta y selección de los disertantes.
- Determinar si van solos o acompañados.
- Primera comunicación.
- Confirmar asistencia.
- Invitación formal.
- Solicitud de títulos de las ponencias, curriculum y fotos personales.
- Confirmar demandas técnicas, proyectores, micrófonos, etc.
- Envío de pasajes.
- Confirmar llegada. Espera y bienvenida en destino.

## LUGAR: SELECCIÓN DE SALAS Y/O SALONES

- Para charlas, y/o presentaciones, *coffee breaks*, almuerzos y comidas.
- Visitar varios y decidir de acuerdo con la cantidad de asistentes estimados y los requerimientos técnicos del evento.
- En todos los casos hacer las reservas pertinentes.

## PROGRAMAS: AGENDAS TENTATIVAS

- Cronología detallada de los días del evento, con fecha, lugar y hora, duración, integración y calendarización de programas.
- Bosquejos.
- Correcciones y aprobación.
- Impresión.
- Distribución.

## INVITACIONES: DISEÑO DEL TEXTO

Debe contener **toda** la información necesaria.
- Pruebas, corrección e impresión.
- Mailing al resto de los participados.
- Chequeo de nombres, títulos y cargos.

- Distribución.
- Control del envío. *Follow up* telefónico.
- Últimos días: reservar líneas exclusivamente para las respuestas.

## DIFUSIÓN
Puede ser masiva o personalizada.
## MASIVA
- Tener en cuenta los principales medios del exterior, de los cuales participan los expositores.
- Estudio del presupuesto: eventual negociación.
- Selección y determinación de medios.
- Redacción de textos para gacetillas, afiches, etc.
- Publicidad.
- Confirmación de pautas.
- Elaboración de copy y arte.
- Aprobación de los originales.
- Envío a medios.
- Control de publicaciones.

## PERSONALIZADA
- Envío de mailing informativo incluyendo programa y redacción de contenidos.
- Control de envíos.

## INSCRIPCIONES
Puede realizarse de diferentes formas.
- Por correo.
- Por correo electrónico (e-mail).
- Personalmente.
- Vía fax.

Asimismo, se pueden ofrecer facilidades de pago, transferencias bancarias, descuentos a grupos, asociaciones, por pago anticipado, efectivo, etc. Es fundamental la elaboración de planillas para cada día.

## ACREDITACIÓN: CREDENCIALES
- Prever distintos colores o tipo según categorías, procedencia o calidad del expositor.
- Otra diferente para los organizadores.
- Recepción de ingresos y archivo de documentación.

## MATERIAL DE TRABAJO
Programas, carpetas, lapiceras, señaladores, sobres, etc.

También se pueden incluir publicidades, productos o servicios gratis, opciones turísticas y datos generales como:
- Mapa del lugar, principales atracciones.
- Moneda del país y casas de cambio cercanas.
- Comidas típicas y dónde degustarlas, productos regionales, etc.

## CONTRATOS
Establecer convenios para:
- Alojamiento (contemplar distintas categorías y precios).
- Transporte aéreo (evaluar: valores, frecuencias, premios por millas, clases).
- Transporte terrestre: (remises, autos, combis).
- Salones de servicios: sonido, iluminación, videoconferencias, teléfonos internos, externos, faxes, copiadoras, señalización, diseño y decoración adecuada.

**Contratación del**: servicio de seguridad, servicio de catering, servicio médico, servicio de telefonía celular.

## CAPACITACIÓN
Entrenamiento del personal en:
- Técnicas de recepción al público.
- Normas de ceremonial y protocolo (manejo de tratamiento y precedencia en discursos, mesas, estrados, automóviles, banderas y otros).
- Idiomas, en el caso de congresos internacionales.

## PROGRAMA SOCIAL

- Actos de apertura, inauguración y clausura (aclarar en el programa en qué consisten y el tipo de vestimenta sugerida). Es fundamental que sea muy bueno el cierre, elegir aquello que represente al país anfitrión.
- Elaborar programas para acompañantes (culturales, deportivos, sociales, gastronómicos, otros).
- Programas recreativos para todos los asistentes: va a depender del lugar donde se efectúe el evento y de las características de los participantes.

## DIPLOMAS

- Establecer el diseño y logo.
- Firmantes: verificar la correcta ubicación de acuerdo al orden establecido por el Ceremonial.
- Seleccionar el copy y arte.
- Realizar la impresión preliminar.
- Establecer las correcciones.
- Imprimir nuevamente, otorgar la aceptación.
- Realizar la impresión final.
- Llenar (completar) los diplomas.
- Enviar o entregar.
- Haga regalos para acompañantes VIP y tenga atenciones para el resto.

## ENCUESTAS

Formularios escritos para que los asistentes evalúen diferentes aspectos del evento, que luego nos servirán para perfeccionar y/o cambiar tareas o actividades.

Se incluyen en las carpetas.

## EVALUACIÓN FINAL

Estados contables / Balance general / Estudio del resultado de las encuestas / Comentarios, anécdotas / Redacción de un informe para archivo y antecedentes.

## CONGRESOS. ENTREVISTA A GABRIELA GIANOLI

*Prof. del Centro de Organizadores de Eventos.*
"Receta para un congreso"

Al organizar un Congreso Internacional que podría considerarse "un gran evento", es imprescindible hacer un diagnóstico de la situación antes de empezar a trabajar.

Iniciar la etapa de Prevención implica preguntarse ¿qué se puede hacer?, evaluando los recursos técnicos, humanos y financieros tanto del organizador como del cliente.

Por recursos técnicos entendemos todos aquellos que podemos usar para el evento, desde retroproyectores, pantallas, punteros láser, fotocopiadoras, faxes, etc., incluyendo infraestructura edilicia (oficinas, salas, auditorios) hasta transporte (combis, minibuses, autos), entre otros.

Los recursos humanos están compuestos por todas las personas capaces de ser involucradas en el evento (personal de la empresa, proveedores, etc.).

Los financieros son los recursos monetarios, compuestos por el dinero que tiene el cliente para invertir y el que eventualmente se puede generar a través de diversas vías: inscripciones, sponsors, donaciones, hasta canjes. Estos últimos si bien no implican un ingreso real de divisas, evitan su egreso. Al aprovechar los recursos del cliente evitando gastos innecesarios contribuimos a lograr su plena satisfacción.

Un buen organizador de eventos es aquel que —con el mismo esfuerzo y en igualdad de recursos— logra un mejor resultado.

Analizando esto, comenzar la Planeación, determinar ¿qué se va a hacer?, fijando objetivos (de mínima y de máxima) en el tiempo. Esto implica crear un cronograma de actividades distribuyendo las tareas, a las cuales se les asignan responsables y fechas.

Continuando con la etapa de Organización, establecer ¿cómo se va a hacer?, para lo cual es necesario definir las estrategias. Estas, que pueden ser a corto, medio o largo plazo están estrechamente relacionadas con el o los objetivos planteados.

Estamos aquí frente a la etapa de Integración. ¿Con qué y con quién se va a hacer?, considerando los tres tipos de recursos que analizamos en la prevención.

Teniendo en cuenta los recursos humanos se forman los Comités. Estos pueden ser de dos tipos: de Trabajo y de Honor. Los primeros son los grupos de personas que se dedican a cumplir las distintas tareas asignadas en la Planeación. Y un congreso tendrá tantos comités de trabajo como su dimensión y envergadura requieran. El Comité de Honor está integrado por todas aquellas personas relevantes en la disciplina que se trate, autoridades relacionadas con la temática, etc. Figuras cuya presencia avalen nuestro evento.

La etapa de Dirección comprende las actividades de coordinación, supervisión y capacitación.

Para cerrar, el Control, el ¿cómo se hizo?, implica realizar la evaluación final del trabajo.

*Una receta*

Organizar un evento, al igual que cocinar requiere contar con una "buena receta". Esta es una de ellas. Para empezar a trabajar hay que contar con **tiempo suficiente**, tener buenos ingredientes y elementos (los tres tipos de **recursos técnicos**, **humanos** y **financieros**), poner mucha **dedicación**, **creatividad** y que no falten la paciencia, el orden y por qué no el sentido del humor.

A cocinar… mejor dicho ¡a trabajar!

Lic. Gabriela Gianoli

## PLANIFICACION DE CONGRESOS NACIONALES E INTERNACIONALES

### ANTES DEL EVENTO
PREVENCIÓN:
¿Qué se puede hacer?
• Estudio de recursos: …técnicos – humanos – financieros.

## PLANEACIÓN:
¿Qué se va a hacer?
* Objetivos – cronograma.

## ORGANIZACIÓN:
¿Cómo se va a hacer?
* Definición de estrategias.

## ANTES, DURANTE Y DESPUÉS DEL EVENTO
## INTEGRACIÓN:
¿Con qué y con quién se va a hacer?
* Estudio de recursos: ...técnicos – humanos – financieros.

## DIRECCIÓN:
Ver que se haga.
* Coordinación – supervisión.

## CONTROL:
¿Cómo se hizo?
– Evaluación final.

# FERIAS Y EXPOSICIONES

# FERIAS Y EXPOSICIONES

Son centros donde se reúnen vendedores y compradores para difundir, exhibir, promover, conocer y seleccionar productos y servicios

Las Exposiciones y Ferias pueden ser:

**COMUNALES**
Exposiciones de intendencias municipales.

**PROVINCIALES**
Exposiciones organizadas por una provincia determinada.

**REGIONALES**
Exponen firmas u organismos de una región con recursos determinados (Cuyo, Noroeste, Pampeana, etc.).

**NACIONALES**
Participación de expositores nacionales exclusivamente.

**INTERNACIONALES**
Con la participación de otros países.

Además, según los rubros o actividades que traten, serán:

## MONOTEMÁTICAS O VERTICALES
Son aquellas exposiciones o ferias limitadas a una industria o actividad específica.

## GENERALES U HORIZONTALES
Son aquellas en que no hay ninguna restricción de rubros o actividad.

Al realizar una exposición y/o feria es importante estudiar los circuitos para obligar una determinada circulación, de manera que el público pase por todos los stands.

## REGLAMENTO PARA EXPOSICIONES
Cuando organizamos una feria o exposición debemos establecer ciertas reglas que tiendan a favorecer la organización del Evento.

Para ello debemos elaborar un **reglamento interno**, el cual puede contemplar ítems como:
- Cancelaciones.
- Establecer contratos con expositores.
- Formas de pago.
- Fecha y horario de armado.
- Fecha y horario de desarme.
- Garantías.
- Horario de reposición de mercadería.
- Medidas.
- Plan de ventas.
- Seguros.
- Tipos de stands.
- Tipo de señalización.
- Tipo de cerramiento.
- Tipo de decoración uniforme.
- Uso de la energía eléctrica.

## PERSONAL ESPECIALIZADO PARA FERIAS Y EXPOSICIONES

Dentro del capital humano especializado involucrado con la realización de ferias y exposiciones encontramos a los arquitectos, decoradores, escenógrafos, armadores, carpinteros, pintores, electricistas.

### Actividades a considerar durante la exposición:
• Control del funcionamiento de los stands
• Cumplimiento del reglamento
• Control de las actividades dentro del área

### Al finalizar:
• Control de desarme
• Retiro de la mercadería
• Retiro de las instalaciones
• Entrega de certificados a los participantes.
• Agradecimientos.
• Devolución de depósitos, garantías, etc.

## PARTICIPACIÓN EN EXPOSICIONES Y FERIAS

### Obligaciones de expositores

Las ventas y promociones deben realizarse dentro del periplo del propio stand.

Instalación de extintores de características y tamaños adecuados, con personal preparado para su uso.

### Seguros:
• Por personal contratado.
• Por personal propio (fuera de horario de trabajo).
• Mercadería.
• Bienes.

**Obligaciones del Organizador**
- El ente organizador destacará personal de vigilancia general pero no será responsable de robos.
- El ente organizador dispondrá de personal de limpieza general de las áreas públicas pero no de los stands.

*Sugerencias e indicaciones:*

**Contrato**

Incorporar al contrato la mayor cantidad de datos. Ej. lote, stand, superficie, etc.

**Presencia**
- Diseño del stand
- Diseño de gráfica en afiches, stickers, folletos, volantes.
- Armado de stands.
- Presentación de planos a organizadores para su aprobación.
- Respetar días y horarios para el armado y desarme.
- Pruebas de iluminación a pleno consumo con elementos de protección (disyuntores, fichas térmicas).

**Logística**
- Conocer las firmas que rodean al stand.
- Tener la mejor estimación del público asistente para evitar traslados de materiales de promoción y venta en forma periódica, es muy importante tener un lugar oculto para tener los distintos elementos (en el caso de no contar con lockers).
- Tomar previsiones cuando el traslado se hace por medio de terceros.

**Personal a contratar**
- Promotoras: de acuerdo al perfil necesario.
- Vigilancia: durante toda la muestra.
- Limpieza: prever que sólo se permite cuando no está abierta al público.

## Cierre de la exposición

Una vez finalizada nuestra exposición se organizará el desarme del stand y el regreso a la empresa de todo el material sobrante, respetando los horarios dispuestos por los organizadores a tal fin.

Es de hacer notar que todo material olvidado será considerado perdido.

## CARACTERÍSTICAS DEL PUBLICO QUE ASISTE A FERIAS Y EXPOSICIONES

Ya que este libro está dirigido a organizadores y a proveedores de eventos, sería interesante conocer el público a quien le vamos a ofrecer nuestra propuesta, en definitiva el receptor de nuestros servicios. Es por ello que he hecho un análisis que podrá ser de utilidad en el momento de pensar en sus necesidades, gustos y preferencias.

## VISITANTE

Existen diferentes tipos de públicos/visitantes que asisten a esta clase de manifestaciones, por un lado tenemos al profesional y por el otro al público en general.

Las muestras, ferias y exposiciones que se realizan para expertos reúnen otras características, pues deben satisfacer sus expectativas que son totalmente diferentes a las de los neófitos, o sea a los que asisten por primera vez o que no son profesionales, por lo que la exigencia en todos los aspectos de la muestra será mucho mayor.

Su organización es más compleja porque este público conciente o inconcientemente estará permanentemente comparando, hará evaluaciones siguiendo otros parámetros, de calidad, excelencia y por sobre todo del resultado económico o institucional que podrá obtener.

Este público dispone de poco tiempo por lo que tiene mayor premura, es más selectivo, le interesa adquirir información, capacitarse, por lo que procura asistir también a los seminarios y conferencias que se dictan en forma paralela, debe aprovechar al máximo su tiempo, piense que a veces se ha trasladado especialmente desde otra ciudad o país para ello.

Si usted organiza una muestra para profesionales tenga en cuenta estas diferencias:

Al visitante que asiste por primera vez a una exposición le puede impactar más la decoración, la propuesta de comercialización, los elementos de merchandising, que lo que le puede impresionar al profesional que ya ha asistido a ferias y exposiciones más notorias.

Cuando las ferias son abiertas a todo público, dependiendo de la duración de la misma, se designa uno a varios días con acceso exclusivo para los profesionales del sector.

Durante este lapso de tiempo no se permite el ingreso de otro tipo de público. En algunos casos se estipula un horario determinado para ellos.

¿Qué necesita el profesional?

• Que el predio elegido sea acorde con el evento, en lugar accesible.

Si por alguna causa se realiza en un lugar alejado, poco conocido o que se utilice por primera vez para ese fin será conveniente tomar las siguientes medidas:

• Contrate servicios de ómnibus, charters, que lleven a los interesados desde un lugar céntrico con una frecuencia que se indicará en la invitación, así como el punto de partida y horario de regreso.
• Indique el camino con carteles, afiches, pasacalles, banderolas, colocados a lo largo del trayecto para que resulte fácil el acceso.
• Agregue a la invitación o al folleto un plano con las indicaciones correspondientes, para encontrar el camino fácilmente.

2) Que las instalaciones le ofrezcan espacios para circular libremente y poder trabajar con toda la comodidad que se merece.

La medida de los pasillos de circulación, deberán calcularse de manera tal que puedan transitar aun en los momentos de mayor afluencia del público.

A veces, buscando aprovechar al máximo la sede para obtener un mayor rédito económico, se deja un espacio libre para pasillos y vías de circulación tan estrechos que inclusive algunos stands sirven como paso ocasionando la lógica perturbación y molestia de los que tienen allí ubicado el suyo.

Otras veces se hacen degustaciones utilizando los espacios comunes. Si esto no está reglamentado, se invade lo que es propio de otro stand, las promotoras ofrecen elementos de merchandising o material promocional fuera del espacio contratado.

• Que el nivel de los expositores sea el que se propuso.

Sucede que a veces al organizador se le presenta el problema de no vender la cantidad suficiente de espacios como había calculado, lo que lo lleva a no respetar las pautas iniciales o bajar la calidad de la muestra.

• Que el horario sea amplio para que le permita asistir sin interferir con sus tareas y se habilite un "business center" para seguir conectado con su empresa y atender sus intereses.

• Que realmente se ofrezcan novedades. Un problema que se presenta cuando no se ha comercializado bien la muestra es que se crean falsas expectativas, entonces se ofrecen productos, servicios o empresas que no son innovadoras, o sea que es siempre lo mismo.

Debemos tener en cuenta que por Internet o incluso por televisión tenemos acceso a lo que se realiza en otros países, además del conocimiento adquirido por los viajes y el hecho de recorrer ferias y muestras de cada rama.

• Que el personal de atención al público del stand esté capacitado para informar y orientar. En algunas ocasiones, este personal de contacto ofrece un punto débil. Está allí por obligación y no conoce a fondo el producto o servicio que se comercializa.

Es indispensable capacitar al personal eventual alternando con el plantel fijo de la empresa ya sea del área de ventas, gerencia de marketing, etcétera.

Informe al expositor a quién debe recurrir en caso que le soliciten mayor información de la que posee y en que horario.

Prepare fichas para armar una base de datos, si lo hace mediante un concurso con alguna atracción interesante tendrá más posibilidades de que le brinden esa información. Posteriormente podrá contactarse, enviar material de su empresa, muestras, en realidad al finalizar la exposición es cuando comienza realmente el trabajo de venta.

• Poder dialogar con expertos, con responsables de otras empresas, con colegas.

Para ello es muy positivo organizar rondas de negocios, seminarios en paralelo, conferencias: fije entrevistas con estas personas, ya sea durante la muestra, en caso de durar varios días o directamente comprométalos para asistir a su empresa.

• Y por último, el profesional, al igual que todo el público necesita calidad.

Recorrer una exposición de cierta envergadura puede llevar varios días y el profesional asiste para actualizarse, encontrar en un sólo lugar potenciales clientes, fidelizar sus actuales clientes, analizar el mercado de la competencia, adquirir un alto volumen de información, relacionarse con otros sectores, identificar posibles proveedores, representantes, importadores y distribuidores, concretar contactos con potenciales inversores o conseguir inversionistas para franquicias de su marca.

Teniendo en cuenta estas consideraciones habrá conquistado un visitante más, que habrá quedado satisfecho, con el que podrá contar en las próximas muestras que usted realice. La calidad de los visitantes, más que la cantidad, serán la razón para que los expositores deseen estar presentes nuevamente.

# DESFILES DE MODA
## ENTREVISTA A ROBERTO GIORDANO

## DESFILES DE MODA.
## ENTREVISTA A ROBERTO GIORDANO

La forma de presentar la moda ha variado. Ya no se hace la descripción exacta del modelo, ni la pasada unipersonal.

Ahora los desfiles son show, con mucho *swing*, muchos cambios y movimiento. No se va al detalle de la prenda que se está luciendo sino que las *mannequin*s, muchas veces, son la *vedette*.

Podemos hablar de distintos tipos de desfile. El desfile privado para unos pocos clientes (la Maison Chanel no exhibe las prendas en la vidriera, todo es exclusivo, por lo que los realiza todas las tardes, y es una de las formas de conocer su ropa. En el que yo presencié estaban Carolina Kennedy y un magnate asiático, entre otros). Éramos alrededor de 15 personas. En cada asiento habían puesto nuestro nombre y una carpeta con hojas en blanco, acompañadas por un lapicito con los colores de la casa para que cada uno pueda anotar el número del modelo por el cual se interesaba (por supuesto, era absolutamente fuera de tono dibujar algo de lo que se estaba viendo). Sin ningún artificio, cada *mannequin* con el número del modelo, pasaba entre el público sobre un camino de alfombra, sin música ni conductor.

Otro tipo de desfile es lo que se llama *showroom*. Esto lo hace el mayorista para invitar a sus representantes. Generalmente se hacen en la habitación de un hotel, pero hay empresas que tienen ya armado un espacio para este fin. Se invita a cada cliente por separado, y con una o dos modelos, se le muestran las prendas que le interesan.

Otro tipo de desfile es el que vemos habitualmente donde las modelos, con el soporte y complemento de la música y la iluminación, desfilan a veces sobre una pasarela, otras sobre una alfombra. Muchos desfiles se hacen en *discothéques*, y para el verano, se da la posibilidad de hacerlos en un jardín o alrededor de la pileta de natación.

Y podríamos hablar de los desfiles *show,* donde hay danzas, espectáculos, escenificaciones y todo gira sobre un tema específico, convirtiendo la muestra en un show desfile, pasando la presentación, a veces, a un segundo plano.

Los tiempos del desfile y su organización interna son lo que pueden asegurar su éxito.

## ROBERTO GIORDANO

"Vivo aprendiendo y pensando
que lo importante es actualizarse"

*Realmente fue una hazaña dar con este organizador de desfiles. Desde un comienzo lo tuve en mi lista de entrevistas, pero entre sus viajes, su accidente (felizmente superado), el seguimiento a través de sus secretarias, llamadas telefónicas infructuosas y fax sin resultado ya me había resignado a dejarlo para una segunda versión. Pero, el azar quiso que coincidiéramos en una reunión. Estaba bien al tanto de mis requerimientos, me felicitó por la idea y, por supuesto, concertamos la entrevista.*

*Como digno marco, transcurrió en uno de sus salones. ¿Qué mujer no lo ubica en la calle Güemes?, en su oficina, el "trencito" como le dicen, y entre una consulta de su secretaria, la observación de una modelo y la elección de una fotografía, entre dos cafés, se produjo nuestro encuentro. Y desfilaron sueños entre coiffeurs y diseñadores, Quilmes, Buenos Aires, Punta del este o París se entrelazaban y, entonces, hablar de Geraldine Chaplin o Catherine Deneuve, quinientos mil dólares, o cien modelos, era lo más natural del mundo. Sumamente expresivo y feliz de contarlo, van estas palabras, entre las que destaco: "empecé desde abajo, barriendo la peluquería de mi tío". Toda la definición de un grande humilde.*

—*¿Qué les quieres contar a los interesados en organizar eventos?*

—Comencé de muy chico. Fue cuando mi tío en Quilmes organizo una kermesse para un colegio, el N° 7 de Quilmes que yo realmente quería mucho. Me surgió la idea de que esa kermesse no iba a tener éxito si no se traía un show y tenía que ser muy importante. Él pensaba que no se podría hacer porque resultaría muy caro, que era imposible. Yo le comenté que había un conjunto que a la gente le gustaba porque se divertía mucho y que se llamaba *Sandro y los de fuego*, cantaban rock, era muy moderno, todos vestidos de negro. Los contraté, me promocioné muchísimo, repartí folletos por todo Quilmes, hice que todos se enteraran que venía Sandro. Fue mi primera experiencia como organizador y puedo decir que ése fue mi comienzo en eventos. En cuanto a mi profesión, empecé barriendo una peluquería hasta llegar a este momento en que tengo 470 empleados en 14 salones. *(Sigue hablando, y no necesito preguntar)*. Vivo aprendiendo, pensando que lo más importante es la etapa de actualización, sumar mayores conocimientos, a los que antes tenía uno. En los comienzos uno aprende pero después empiezan las exigencias, cada vez más profundas.

—*¿Cómo comenzaste con los desfiles?*

—Mis desfiles empezaron en los años ochenta. Primero fueron desfiles chiquitos, en La Barra, en Punta del Este, en el Club del Lago. Fue muy simpático y trascendente porque yo uní la moda y el peinado, con Blanca Isabel Álvarez de Toledo de Mitre. Antes el peluquero, pensaba que el modisto interfería en su obra, pero la creación tiene que estar en el conjunto, el show, el espectáculo.

—¿*Qué decimos de Roberto Giordano?*

—Primero fue el Roberto Giordano de Quilmes y después el Roberto Giordano de hoy, a nivel nacional. Fui el primero que hice los desfiles para la televisión, entonces se masificaron. Fui el pionero de trasladarlo al gran público, de quitarlo de la alta costura o del *prêt à porter*, para hacer un espectáculo donde el protagonista es el invitado. Tiene que ver la escenografía, la luz, el sonido, todo tiene que ser diferente.

Yo hago desfiles donde pueden presentarse cien hermosas modelos. A veces hay algunas que hacen una pasada sola, que se vea una sola vez y basta. Así comenzaron muchas figuras internacionales como Valeria Mazza. Trabajo con todas las agencias, traemos chicas del Uruguay, del interior del país, de Córdoba hay seis, de Mendoza cuatro, son top, top, también trabajamos con las más jóvenes y las debutantes. Acá en la pasarela nuestra fue el lanzamiento de Valeria Mazza. La descubrí yo en Paraná, en el hotel Mayorazgo, en una comida con Mirtha Legrand, Isabel Sarli, Lole Reuteman y Thelma Biral, la vi pasar a esa chiquita, anoté su nombre en una servilleta y la traje a Buenos Aires. Le pagué el pasaje a ella y a la familia. Lo hermoso que tiene, además, es que es humilde, divina, tiene todavía mucho más para dar. Lo mismo lancé a Ethel Brero, la vi en la playa y le hablé. A Carola del Bianco, la pusimos en el desfile y fue el empujón que le hacía falta, sino se siguen quedando como chicas de colegio que desfilan bien y nada más.

—¿*Y la organización de desfiles?*

—La organización de desfiles ya es institucional, nuestro equipo puede organizar eventos que tienen que ver con la moda.

—¿*Cómo nace?*

—Nació, como te dije al comienzo de esta nota, con Blanca, para unir la moda y el peinado. Ella me decía ¿y acá qué peinado hacemos? En los años sesenta ¿por qué no un *carré* mas rebajado? una moda más especial y yo trabajaba con ella, y los resultados eran fantásticos.

*—¿Y el aspecto económico?*

—Yo tengo respaldo para poder hacerlo, los desfiles no te dan rentabilidad, yo tengo que poner el 50% de mi bolsillo. Luego, para recuperar necesitás un año, es una salida de dinero impresionante. Todo son gastos y los ingresos mínimos, pues además del desfile en sí están los invitados especiales, los traslados, el hotel, los pasajes etc.

*—¿Cómo se arma todo esto?*

—Nada más que en la parte metalúrgica, la parte del armado previo los obreros pasan veinte días haciendo desde la pasarela a las plateas altas. Se hacen de una a una, se arma todo. Pasarela, carpa para vestuario, gradas y asientos, todo.

Después hay que pensar en los generadores para que haya luz propia, por si se corta la luz. Tienes que llevar generadores especiales para iluminar "a giorno". Necesitas carpinteros para armar la escenografía, la carpa para el vestuario —armarla y también tapizarla— preparar los percheros, éste es un aspecto técnico, de adentro, pero es la base del desfile. Luego está la coordinadora de moda que para las pasadas especiales de peinados compra la ropa en EEUU. También tienes que pensar en la habilitación municipal, los derechos que hay que pagar. Hay que estudiar con cada diseñador la combinación de los colores... la elección de las modelos... Trabajan más de 50 personas, coordinador, productor, ingeniero de sonido, ingeniero de iluminación, el arquitecto, escenógrafo y después hay que rogar que no llueva.

*—¿Delegás?*

—Sí, delego, pero estoy en todo. Yo les doy las ideas pero cada uno asume su responsabilidad. Este verano yo iba con las muletas a controlar todo, a darle el OK.

*—¿Imprevistos?*

—Siempre hay, pero sobre todo, importa el del tiempo, a último momento, si justo esta chispeando antes del desfile, hacemos fuerza entre todos para correr la tormenta, para que correr el agua...

—*¿Qué pasa con el stress, con la tensión nerviosa?*

—Yo digo que tengo cada vez menos pelo por que el stress es grande, tengo tres by pass. Uno pone mucho de sí mismo y además cuesta más de medio millón de dólares, y dependes del sol, de los invitados que no llegan, los que no cumplen ¡…pero es lo que me gusta, y seguiré haciéndolo…!

*La sonrisa no lo abandonó durante la charla. Se nota que es lo que le gusta. Gracias, Roberto.*

# LA PLANIFICACIÓN
## ENTREVISTA A EDUARDO GÁLVEZ

## LA PLANIFICACIÓN
## ENTREVISTA A EDUARDO GÁLVEZ

"Digo sí a la planificación y
al respeto por el público"

En el marco agradable de la confitería del Intercontinental nos encontramos con Eduardo Gálvez. Y el ámbito de Monserrat (champagne mediante) fue el sitio acordado para revivir sus comienzos. Expansivo, mueve sus manos con el dominio que le dan muchas horas ante las cámaras de TV.

—*¿Por que estás en esto? ¿Cómo comenzaste?*
*(Sus ojos celestes se apasionan y brillan, la sonrisa permanente nos indica que habla de lo que le agrada).*
—¡¡¡¡Ah, mis comienzos, sí que fueron variados!!!! Estudié Ciencias Económicas, viajé mucho, viví en Inglaterra. Y ya de vuelta, trabajando en una empresa, me pidieron que organizara la fiesta de Fin de Año. Lo hice con tal éxito que desde ese día me dediqué a esta actividad. Como soy periodista aúno las dos cosas. En los años setenta en la época de los *happenings*, me llamaron para que convocara a artistas a fiestas que hasta ese momento eran reservadas para un grupo de determinada clase social. Hoy se mezcla todo tipo de público y a veces pienso si no está excesivamente mezclado. El cambio social en estos últimos años ha sido muy fuer-

te. Es positivo, pero hay que tener cuidado que los valores morales no se pierdan y que haya un lugar para el intelectual tanto como para la modelo y la belleza, pero también las ideas. Yo trato de poner una nota, un sello, dar un mensaje en cada evento.

Busco que la fiesta trascienda. Imaginación, creatividad, juego y *timing*, el trabajar en televisión me dio el manejo del tiempo. La experiencia como conductor de un programa, de estar en el aire, de actuar en vivo, me dio ritmo, el controlar todo, desde las luces a la ambientación y captar la novedad de cada día. Por ejemplo, la "Fiesta de Conciencia", fue una idea que se me ocurrió que los políticos se sentaran a una mesa. En "Famosos por la vida", la gente importante sirvió la mesa, lo que se supone que era una idea frívola se transformó en una ayuda y se dio un mensaje serio de cómo se podía apoyar a los enfermos, pues era a beneficio de FUNDALEU y los medios se interesaron en difundirlo. Incluso durante la fiesta, en determinado momento se bajaron del techo tres pantallas gigantes y sin golpes bajos se dio información sobre este tema y se mostraron pacientes recuperados. Fue notorio, a partir de ese momento la fiesta cambió, todo tuvo un sentido, fue más humano. Yo creo que la gente que convoca tiene también un deber moral de lo que se puede ayudar, y hacerlo. No todo es una burbuja frívola.

En mi vida muchas veces me han motivado y eso es lo que yo deseo hacer también. Los que estamos en esto tenemos un gran desafío.

—*¿Como te organizás?*
—Planificamos mucho todas las fiestas, todo se desarrolla como un cuadro, como una escena, con un timing determinado, todo medido y calcado: en tal momento se encienden las luces, en otro suena la música, en tal segundo entran los mozos con las bandejas flambeando... todo se detalla y así sale bien y estás tranquilo. Pienso también que tenemos que hacer eventos que interesen a la prensa, que sean "prensables".

—*¿Se busca que la fiesta trascienda?*

—Sí, por supuesto, el envoltorio es el mensaje. La cultura del status hace que todo sea parecido, igual, similar, muy cambalache. Los cambios en estos cuarenta años han sido muy fuertes. Es positivo, pero tenemos que estar preparados, hay que revalorizar los valores morales.

—*¿Y las ideas?*

—Para una presentación de pieles se convocó a cronistas de moda a una producción fotográfica. Se envió a un fotógrafo de renombre internacional que revelaba las fotos en el momento y se sirvió una copa de champagne. Fuimos en una camioneta a la Bica, al Teatro San Martín, se tomaron fotografías y los cronistas se fueron con las fotos en las manos, se hizo con dos pesos. No todo es caro, lo que valen son las ideas. Al cliente le doy alternativas con diferentes precios. En este momento está de moda lo natural, lo ecológico, los tonos blancos, claros, lo despojado, y está de moda la solidaridad. En un aspecto esto es una vidriera pero hay que insuflarle el alma, el espíritu para que también sirva para algo, diga algo.

—*¿Un ejemplo de algún recurso original?*

—En un comunicado de la Sociedad Rural Argentina se mandaron cajones de productos agrícola-ganaderos con una tarjeta y la gacetilla, y todo el mundo respondió. Con algo tan sencillo y económico, se logró una respuesta masiva.

—*¿Qué características crees que debe tener un OPE?*

—Debe gustar de la gente. Debe tener capacidad para relacionarse, para envolver al otro en la emoción, para identificarse con él. Yo ya conozco tanto a la gente que casi sé hasta quién va a fallar. En esto hay entrega, amor, energía, obsesión. Soy un fanático en buscar el detalle y le doy muchísima importancia a lo estético.

—*¿En cuanto a la organización?*

—Un evento es mucho trabajo, requiere una preparación. Digo SÍ a la planificación y respeto al público. Hay que hacer que ese momento deje algo, que sea un momento estético, agradable. Mi idea es que al minuto siguiente, a la salida de la fiesta, la gente sienta que todo valió la pena. Cuando te dicen gracias, te besan, te saludan, cuando sentís que la gente se va como flotando en una nube, eso me da felicidad, siento que se cumplió mi objetivo, que lo van a recordar y lo van a comentar.

Cuando acabó todo, observo y es como si no tuviera cuerpo, que mis ojos están fuera y miran todo. En ese momento tengo una fragilidad total y ya no tengo nada más que dar, ya di todo.

Disfruto cuando veo que la gente se despide con una sonrisa, tarareando un tema pegadizo o con una flor en la mano, como si salieran de ver una buena película y siento que la ostentación se transforma en algo real que además de agradar puede ayudar. Y no puedo separar lo que digo de lo que siento de lo que pienso.

# EJEMPLOS PRÁCTICOS
## MUESTRAS DE ARTE
## PRESENTACIONES DE LIBROS

# EJEMPLOS PRÁCTICOS

## MUESTRAS DE ARTE

### ELECCIÓN DE LA SEDE

Generalmente se hace en una Galería de Arte. Puede ser también un banco, restaurante, el lobby de un hotel, las instalaciones de una línea aérea, etc.

### ORGANIZACIÓN

Se invita a uno o dos críticos de arte que conozcan la obra del artista. Uno de esos críticos u otra persona con cierto prestigio habla del autor y su obra.

Se realiza un catálogo con las obras numeradas y una breve reseña, o datos importantes de las mismas.

Según la magnitud de la muestra deberán asegurarse las obras expuestas.

Deberán cuidarse los detalles de iluminación como una forma indispensable de valorizar los cuadros, o lo que se exponga, ya sean fotografías, esculturas, etc., ambientando con cortinados, columnas, luz dirigida.

Contratar servicio de vigilancia.

Estudiar el traslado de las obras.

Fijar fecha de cierre para el desarme de la muestra.

## DIFUSIÓN

Se invita a la prensa, a los periodistas especializados en arte. Se invita a través del *mailing* del artista, su marchand, profesor, en el caso de un taller que presenta a sus discípulos o de la misma Galería de Arte. Se envía una gacetilla para que informen en la sección correspondiente a exposiciones en los diarios. Se puede invitar a alumnos de escuelas de Bellas Artes, de talleres de arte, directores de museos, etc.

Se hacen afiches de algunos de los cuadros de 50 x 60 cm u 80 cm aproximadamente, y se exponen en galerías de arte, casas de antigüedades, y de regalos, librerías especializadas en arte, y se agregan datos de la muestra.

Muchas veces se hacen muestras colectivas, sobre todo de artistas que se inician, ya que resulta más económico.

Se puede buscar un tema, una razón y darle un nombre propio a esa exposición, exponer alguna obra en un programa de televisión y obtener entrevistas para el artista.

Las obras expuestas generalmente se ponen en venta y su marchand, representante o a lo sumo una persona amiga se encarga de la parte comercial.

Los precios de alquiler de las galerías son variables, depende también del renombre que tenga el artista. En otros casos se puede obsequiar una obra por permitir exponerlas.

## DESARROLLO

A medida que llegan los invitados se los hace recorrer la muestra.

Se les entrega un catálogo con lo dicho anteriormente.

El artista o marchand explica y responde a las inquietudes del público.

Luego algún crítico de arte, marchand, etc. habla del autor y su obra.

Finalmente se sirve un convite que varía con los tiempos, el lugar o el estilo del artista.

Puede ser una copa de champagne, un vino dulce, tablas de queso, o alguna comida típica.

No dura más de 2 ó 3 horas.

Los precios pueden estar indicados a un extremo de las obras o se trata su negociación con el marchand.

**PRESENTACIONES DE LIBROS**

Elección de la sede:
Puede ser una librería, el lobby de un hotel, un salón de actos, la misma editorial, la Feria del Libro, una sede universitaria, exposiciones, etc.

## DIFUSIÓN

Se informa a los medios para sus secciones específicas, la sección literaria.

Se invita a través de la editorial, talleres literarios. Todo depende de a qué público está dirigido el libro, la temática, el escritor. Un libro de poesía o teatro no es lo mismo que un trabajo científico o de economía.

Se pueden hacer entrevistas en medios de comunicación.

La exposición ganadera también es un buen lugar para presentar libros que van desde imágenes campestres de animales, a cualquier tema afín con lo que se expone.

Según el interés del autor también es tradicional que hagan sus presentaciones y firmen sus ejemplares en la Feria del Libro como una forma de acercarse a los lectores y además en un ámbito que jerarquiza la presentación.

## ORGANIZACIÓN

A medida que van llegando los invitados, son recibidos por el autor o los editores.

Generalmente un escritor, un crítico o la persona que escribió el prólogo hacen una breve reseña del autor y su obra.

Si es un libro de poesía, podrán recitarlas dos o tres personas, incluso acompañadas por música de fondo.

Si es una obra de teatro se puede representar alguna escena.

Luego de la presentación, habla el autor, y luego se puede hacer un momento musical con algún conjunto de cámara, banda de jazz o pianista, etc.

También se puede presentar un audiovisual de la temática del libro.

Si es un libro infantil se puede trabajar con títeres, pueden leerlo otros niños, jugar con un tema, hacerla participativa creando y expresándose con gigantografías, pinturas, etc.

Generalmente se ofrece al autor un ramo de flores o una canasta o planta más importante que se coloca a la vista agradeciendo públicamente en el caso que provenga de alguna autoridad, embajada, escritor importante etc.

Algunos autores venden ejemplares en ese momento, de una forma discreta, exponiendo los libros en un lugar visible pero que no comprometa al público a comprar.

Algunas personas desean llevar el libro con la firma del autor.


SUGERENCIAS

Tener siempre en cuenta para cualquier programación el lugar en que se desarrolla, si la gente está cómoda, sentada, si está de pie debe ser muy breve.

Cuidar en lugares chicos o en subsuelos la ventilación, la seguridad para salir, etc.

Este evento es promocional por lo tanto no hay un rédito económico inmediato.

Generalmente estos lugares se ceden, a veces pagando solamente un derecho por iluminación, limpieza, horas extras del personal, etc.

# EVENTOS DEPORTIVOS
## ENTREVISTA A DANTE MÓNACO

# EVENTOS DEPORTIVOS

*Colaboración del* PROF. DANTE MÓNACO

La organización de eventos deportivos es reconocida últimamente por sus alcances multitudinarios y muchos de ellos pueden considerarse como "megaeventos" ya que son presenciados —o cuentan con un relativo protagonismo— por miles de personas.

Un ejemplo, las ceremonias que rodearon a las recientes Olimpíadas que, aunque no alcanzaron el brillo de las anteriores en Barcelona y merecieron algunas críticas ante la decepción por algunos detalles, fueron vistas y admiradas en directo por miles de espectadores y también visualizadas a la distancia por millones de telespectadores de todo el mundo.

Pero este tipo de celebraciones no se refiere necesariamente a escenarios de dimensiones gigantescas ni actos donde predominan las características visuales. A veces, dentro mismo de una ceremonia donde se cuidan los aspectos formales de color y sonido, pueden darse situaciones emotivas y personales de los protagonistas. Baste recordar, sino, el retorno de Diego Maradona al club Boca Juniors, en donde el lanzamiento de globos y los otros elementos del espectáculo alusivo recibieron el apreciado condimento de los gestos y dichos que se intercambiaron el jugador y su familia, especialmente sus pequeñas hijas.

Diferentes topes de emotividad han tenido actos como la despedida de algún técnico (por ejemplo, el de Vélez Sarsfield, hace algunos años) u otra figura destacada de alguna rama deportiva, la entrega de copas o premios a jugadores de tenis, o el rociado de champagne desde el podio donde están los ganadores de competencias automovilísticas. En estos actos culminantes se cuidan todos los detalles y se estipulan hasta en contratos registrados previamente. Como todas las cámaras de televisión y fotografía captan esos instantes, el trago de bebida (y su característico envase) que toma un sediento deportista, es un tema de gran promoción. Lo mismo ocurre con gorros y otros elementos publicitarios (como sombrillas o las remeras que visten) desplegados por hermosas promotoras y activos asistentes.

Generalmente los eventos deportivos comprenden una programación que prevé desde la publicidad y promoción anteriores hasta la inauguración, desarrollo de la competencia, entreactos o intervalos, culminación y ceremonias finales. Los organizadores deberán acordar distintas instancias de trabajo con los participantes (ya sea individualmente o con clubes o entidades), con el público y con la prensa que cubrirá el certamen. Otro trabajo ofrecen los problemas de acreditaciones, invitaciones, acceso a determinados sectores, información, controles por jornada, tickets y abonos para el público (que se complican con las facilidades y convenios que habitualmente se establecen con otras entidades vinculantes).

A veces, y aunque resulten algo más caras, conviene contratar servicios de control y registros electrónicos o magnéticos para acelerar la afluencia de público. Otras veces, y contratos mediante, las mismas entradas pueden servir como vehículo publicitario o promocional, ya sea incluyendo temas, *slogans*, o numerarse para sorteos. También están los aspectos impositivos y los registros especiales que puedan incluirse dentro de los talones de estas entradas.

La atención del público, los servicios de comida, sandwichería y bebidas se pueden acordar por separado. Muchas empresas de estos rubros ofrecen la instalación de stands, carpas o recintos prefabricados, así como el personal que los atiende. Es importante cuidar los aspectos bromatológicos, ya que se trata de cantidades masivas de público.

Otro aspecto a cuidar en este tipo de eventos es el de servicios sanitarios. Si se trata de sitios improvisados, se pueden brindar sanitarios químicos de distintas características. Su atención y mantenimiento resultan de fundamental interés.

Iluminación, sonido, previsiones para la eventualidad del mal tiempo, atenciones de emergencia (primeros auxilios, bomberos, policía) también tendrán que atenderse en relación con el programa del acto deportivo en sí. En casos donde los elementos para la práctica deportiva deban ser guardados y conservados habrá que disponer un sector debidamente protegido, con resguardos individuales estrictos (como en el caso de los parques cerrados para los autos de carrera, equipos de cronometría, implementos no personales) y lugares para la higiene o la atención personal.

## LA ORGANIZACIÓN DE UN EVENTO DEPORTIVO
El éxito de un evento deportivo no debemos atribuírselo a la casualidad sino que requiere de una planificación, donde prestemos atención a los detalles más pequeños como a las grandes consideraciones.

## CONSIDERACIONES PREVIAS ANTES DE SOLICITAR O ACEPTAR UN EVENTO
¿Estoy en condiciones para ocuparme de organizar un evento?
¿Dispongo o puedo disponer de instalaciones adecuadas?
¿Cuento con la financiación para poner en práctica el evento?
¿Tengo recursos humanos suficientes y capacitados para el emprendimiento?
¿El tiempo previo al evento es el necesario?
¿Hay un medioambiente favorable para llevar a cabo el evento?

¿Los habitantes /socios /clientes del lugar se interesan por este deporte?

¿Los medios de comunicación se podrán interesar en el mismo?

¿Ya se celebró un evento similar?

¿Tuvo éxito?

¿Qué factores contribuyeron al éxito o al fracaso?

¿Se pueden repetir esos factores?

¿Mi organización, de acuerdo a su misión, está a favor de la organización del evento?

¿Contaremos con el apoyo del poder público en caso de necesitarlo?

## QUÉ DEBEMOS HACER CUANDO ME ADJUDICAN EL EVENTO

Nombre a una persona que cumpla el papel de coordinador en la organización del evento. **¡Es un puesto clave!**

Comience a armar el comité organizador para empezar el proceso de planificación y controle las áreas operativas más importantes.

Algunas de ellas podrán ser:

• Las instalaciones y el equipamiento.
• Los aspectos técnicos: árbitros, entrenamiento, reglamento, programa de las pruebas.
• Coordinación con los participantes, organismos deportivos y autoridades.
• Transporte y alojamiento.
• Prensa, publicidad, invitados y protocolo.
• Finanzas y control financiero.
• Programa social y eventos culturales.
• Atención médica, de deportistas y público en general.
• Limpieza antes, durante y después del evento.
• Evaluación e informe.

Debemos tener en cuenta que las comisiones sugeridas son tentativas y que se pueden agregar o sacar algunas de las existentes, o también en el caso de que el evento no sea de gran magnitud fusionar algunas de ellas.

## FORMULARIO PARA MONITOREAR EL TRABAJO DE LAS COMISIONES

```
Evento . . . . . . . . . . . . . . . . . . . . . . . . . . . . . . . . . . . . . . . . . . . . . . . .
Área de responsabilidad y coordinador designado . . . . . . . . . . . . . . . .
Área . . . . . . . . . . . . Prensa . . . . . . . . . . Coordinador: NN . . . . . . .
Responsabilidad (quién) . . . . . . . . . . . . . Finalización (cuándo) . . .
Recursos (cómo) . . . . . . . . . . . . . . . . . . . . . . . . . . . . . . . . . . . . . . . .
Descripción de la tarea . . . . . . . . . . . . . . . . . . . . . . . . . . . . . . . . . . . . .
```

Cuando se identificaron las áreas que se tienen que cubrir, y se encuentran los coordinadores designados, ha llegado el momento de comenzar con la planificación real. Diseñe un organigrama que explique las actividades (resumidas) y las reuniones de trabajo que se llevarán a cabo.

A modo de ejemplo publicamos el **Organigrama de un Campeonato Nacional.**

### 6 meses antes del evento:
- Reunirse con la persona de enlace y con los coordinadores de comisiones designados. Estos traerán una lista de su área de responsabilidad junto a un presupuesto preliminar.

### 5 meses antes del evento:
- Revisar los presupuestos preliminares y consolidarlos en uno solo.
- El coordinador de cada comisión presenta un organigrama y explica en forma resumida qué se debe hacer, quién lo hará y cuándo.

- Comience con la difusión.
- Asegúrese las instalaciones y materiales necesarios.
- Establezca los procedimientos de inscripción.
- Convoque a reuniones semanales con cada coordinador de comisión para monitorear la evolución de la planificación.
- Inicie todos los aspectos que requieren un plazo de entrega y que no dependen de usted, ejemplo: imprenta, financiación, voluntarios, infraestructura, etc.

**2 meses antes del evento:**
- Reunirse con los coordinadores en forma plenaria para evaluar la evolución. Establecer reuniones/ contactos semanales.

**15 días antes del evento:**
- Revisar todos los organigramas, discutir los problemas que puedan surgir y el modo de resolución del conflicto.
- Coordinar la interacción durante el evento de los coordinadores de comisiones.

**Después del evento:**
Dejar las instalaciones y equipamiento en el orden en que fueron recibidos, escribir cartas de agradecimiento a todos los que han colaborado con la organización, celebrar una reunión plenaria con los coordinadores de comisiones para evaluar el evento y tomar nota de todos los inconvenientes surgidos durante la marcha del evento y que no estaban previstos.

RECORDAR QUE EL COORDINADOR DE COMISIONES CENTRA SU TAREA EN LA RESOLUCIÓN DE PROBLEMAS Y EN LA ADMINISTRACIÓN DE CRISIS.

LOS EXTRAS: Los eventos deportivos de por sí son interesantes para el público en general, pero sin lugar a dudas los que más se "enganchan" son los involucrados directamente en el mismo, por ello si deseamos ampliar nuestro poder de convocatoria debemos recurrir a "los extras" para sumar más gente al evento. Así cada país (en el caso que sea un evento Internacional o nacional), provincia o ciudad tienen sus propias y únicas ventajas culturales que pueden hacer que los acontecimientos deportivos sean especiales para un amplio grupo de personas. Puede ser la fotografía, la música, la danza, las artes visuales, la comida, la ropa, las artesanías etc. que nos ayuden organizando actuaciones, muestras o exposiciones en los lugares de competencia a tener una convocatoria mayor.

Algunas preguntas que nos podemos hacer para decidir qué agregar son:

- ¿Qué artistas locales podríamos convocar para que muestren su arte durante el evento?
- ¿Es esto económicamente factible?
- ¿Qué grupo etáreo deseo atraer hacia determinadas pruebas específicas?
- ¿Qué personalidades locales están relacionadas con el deporte para poder convocarlas,? ejemplo; un periodista, actor, empresario, docente etc. que haya sido un deportista medianamente destacado.

## CONSEJOS ÚTILES

- Prepare un listado con los nombres y los números de teléfonos de las principales personas relacionadas con la preparación de este evento.
- Establezca su organigrama y ¡**sígalo**!
- Disponga de tiempo suficiente para tratar todos los aspectos, ej.: reserve las instalaciones con tiempo.
- Formule un contrato detallado de las obligaciones y expectativas de los coordinadores de comisión.
- Tenga una lista de las tareas que se deben llevar a cabo… **compruebe que se realicen**.

- Tenga en cuenta las **necesidades de los espectadores además de los deportistas**.
- Haga un ensayo general 20 días antes para rectificar problemas que puedan surgir.
- **El seguimiento** es tan crucial como la planificación.
- Delegue tanta responsabilidad como le sea posible sin poner en peligro la calidad.
- Agradezca y apoye a todos los voluntarios.
- Mantenga una comunicación constante con todos los involucrados en la organización.
- Considere en primer lugar **la seguridad**.
- Pida opinión a todos los que participan en la organización
- Prepare un **manual de procedimiento** para los coordinadores de comisiones.
- Tenga todos los premios-medallas, trofeos, plaquetas, diplomas, por lo menos tres semanas antes del evento.
- Intente conseguir gente "especial" como celebridades para entregar los premios.
- Asegúrese que tanto la ceremonia de apertura como clausura estén estratégicamente localizadas y que todo los asistentes puedan oír, ver y presenciarlas en forma cómoda.
- Prepare un buen informe final sobre las finanzas.
- Archive en forma clara y organizada toda la información del evento.

## INFORMACIÓN DE Y PARA LOS PARTICIPANTES

Cada participante debe recibir una hoja informativa que detalle:
- El título exacto de la prueba.
- Quién la organiza, con un nombre, dirección, número de teléfono y mail.
- La localización exacta y cómo llegar hasta ahí.
- Las fechas y horarios de las competencias.
- Las condiciones de participación, y fecha límite de inscripción.

- Otras informaciones, formato de la competencia, valor de inscripción, premios, precios de las entradas, etc.
- A cada participante se le debe exigir que complete el formulario y lo envíe en la fecha apropiada, con letra legible.

Por último tenga una Comisión de bienvenida que facilite la llegada y salida de los visitantes, recibiéndolos en el aeropuerto o terminales de tren o autobús, por ejemplo.

Disponga quioscos de información visibles fácilmente con voluntarios amables y serviciales. Proporcione ayuda en la Aduana y en Migraciones si tiene inscriptos extranjeros. Facilite toda la información necesaria para que el viaje desde y hasta el aeropuerto sea lo mas cómodo posible y sin contratiempos para los visitantes.

Prof. Dante Mónaco,
*presidente de la Federación Deportiva de Buenos Aires*

# ORGANIZACIÓN
# DE ACTOS ACADÉMICOS

# ORGANIZACIÓN DE ACTOS ACADÉMICOS

En el año 1962, en el profesorado de Jardín de Infantes de CON-SUDEC, se dictó la cátedra de Organización de actos académicos desde entonces se tenía conciencia de lo que significa esta actividad y la responsabilidad que implica para el organizador y la importancia para la institución educativa. No es tan simple, programar, respetar las pautas de protocolo, cumplir con el objetivo, tener éxito en la convocatoria.

En algunas instituciones esta tarea se delega muchas veces en los profesores de música, de materias extra programáticas, o los profesores de educación física, personal administrativo, maestros. Ahora, felizmente se delega en un OPE.

Haremos algunas consideraciones que les hagan más fácil esta tarea de tanto compromiso que en definitiva es la imagen de la institución educativa, del colegio, de la escuela o universidad.

Toda reunión, cumple una importante función en la comunidad educativa. Dados los tiempos y exigencias en las que nos invita a vivir el mundo contemporáneo, muchas veces, estos actos suelen ser los únicos momentos de encuentro con la familia, organismos o instituciones similares.

Por esto se requiere una organización precisa y rigurosa, a fin de que estos momentos estén acompañados por un ámbito acogedor que incremente la confianza de padres y alumnos, ayude a crear pertenencia, y contribuya a la integración.

Pero en cada evento hay un objetivo específico con metas y plazos estipulados y tiempos prefijados.

"Cada vez más es necesario establecer una buena relación con la comunidad, y con los diferentes públicos con los que se comunica una institución educativa. Una de esas formas es organizando diferentes tipos de eventos, teniendo siempre en cuenta a quien se dirige en cada caso y de qué medios se dispone para lograrlo. Por lo que vamos a definir los diferentes públicos:

Alumnos, autoridades, docentes, ex docentes, ex alumnos, empresas, embajadas, la comunidad: medios de comunicación, ONG, otras instituciones educativas, organismos oficiales, orientadores vocacionales, proveedores, personal interno, potenciales alumnos, psicopedagogos, padres, egresados.

Los objetivos del evento pueden ser muchos; veamos: institucionales, benéficos, de capacitación, culturales, de integración, de intercambio, de índole social ya sea para captar nuevos alumnos, fidelización de los existentes mediante nuevas propuestas, o para egresados y ex alumnos, ya sea para integrar a los alumnos, padres y / o presentar a nuevos docentes o autoridades, y distintos tipos de eventos, despedidas, agasajos, premiaciones, "family days", viajes, inauguraciones, festejos, festividades, aniversarios, kermesses, actos de fin de curso, jornadas y seminarios, eventos deportivos, capacitación docente, actividades extracurriculares, conferencias de prensa, graduaciones, acciones solidarias.

¿Qué tipo de acto realizar en cada caso? Una vez definido el objetivo y sabiendo a quienes nos dirigimos comienza la acción.

Habrá que analizar el lugar de realización, el tiempo de programación y el de su organización. Luego veremos, en qué consiste y cómo se difunde.

La difusión puede ser interna mediante cartas, afiches en distintos lugares, información en la cartelera, en el cuaderno de comunicación interna, en las reuniones, en algún medio gráfico que tenga la institución. La externa será mediante gacetillas a los medios, en algún caso, cartas, afiches en otras instituciones, negocios cercanos o en otras reuniones.

Esto es en general, si bien muchos de los temas son comunes a todos los eventos indudablemente que cada uno tiene sus características especiales bien diferenciadas, no es lo mismo la fiesta de los abuelos que realizan en jardín de infantes, que la ceremonia de graduación de los alumnos de 5° año, o la despedida a un rector que se jubila o quien finaliza una carrera universitaria. No podemos generalizar, por eso iremos por partes.

Hay actos que se realizan para el público interno, o sea alumnos, docentes, personal administrativo, autoridades, y otros con invitados externos. En algunas instituciones contamos con maravillosos salones de acto (de hecho varios ya se han transformado en verdaderos teatros, en otros casos habrá que acondicionar un patio, la sala de música o un aula o realizarlo fuera del colegio, sea el campus, otra sede, clubes, o auditorios. Para elegir la sede adecuada es indispensable evaluar las necesidades tecnológicas, si la institución las posee y son las que corresponden a este acto, si es mejor alquilarlas o directamente comprarlas, ya que son elementos que se usan permanentemente, como equipos de sonido y de iluminación, y otros recursos.

No es fácil organizar actos acordes a las necesidades de la institución y temáticas solicitadas. En algunos casos es indispensable desarrollar la creatividad e inventiva para que no sea "siempre igual" como los "family days", las jornadas de puertas abiertas, los aniversarios, inauguraciones, algún tipo de evento benéfico, espectáculos, desfiles de moda, competencias deportivas.

• En otras como los eventos formales (graduaciones, homenajes, congresos, jornadas de capacitación, premiaciones, despedidas, reuniones con autoridades, efemérides), habrá que ceñirse rigurosamente a las normas del ceremonial.

• Cuando se invita a adultos a una fiesta de jardín de infantes, ya sabemos el tamaño que tienen las sillas de "la salita de 2, 3, 4 ó 5 años", y los abuelos o a veces los padres no pueden sentarse, o lo hacen, estando incómodos o solicitando una silla acorde al adulto, que alguna maestra compadecida atina a traer de otro lado. Es una lástima no estar preparado para esto porque en realidad (salvo que sea sólo jardín de infantes) ya se sabe que se seguirán realizando esas u otras reuniones. A lo mejor se puede invertir una sola vez en comprar sillas plásticas apilables que son un muy buen recurso, económicas y de hecho contribuyen a hacer agradable, posible y placentero ese momento tan hermoso de compartir.

• Hay que tener en cuenta que todos los invitados quieren ver lo que sucede en el escenario o el espacio que se utilice a tal fin, y se escuchar con parlantes, micrófonos, sonido e iluminación como corresponde. Pero ensaye, pruebe los equipos, tenga CD o casette de repuesto, si puede otro equipo de sonido. Todas las precauciones son pocas. Contrate especialistas en cada rubro. También considere si están de pie, el horario, el cansancio del día, y la climatización. Constantemente me sucede que asisto a eventos de instituciones que tienen 10, 20 ó 30 años, por lo que si contamos la cantidad de veces que celebraron una efemérides o realizaron la ceremonia de graduación son muchísimas, siempre pregunto ¿es la primera vez que lo realizan? ¿No se repite siempre y cometen los mismos errores?

Si el público no ve, no escucha, es lógico que converse, se distraiga y si no se ha tenido en cuenta la comodidad de los invitados, la cantidad de sillas que corresponden, se produce el caos, lo que es una verdadera lastima, tanto esfuerzo, gasto y energías, para nada.

¿Y qué les pasa si son niños?, ¿qué problemas presentan? Se cansan, lloran, se asustan, los adolescentes a veces no se motivan lo suficiente, se sienten ridículos en algún papel, por eso es importante tenerlos en cuenta para opinar.

Habrá que pautar, difundir y respetar las **normas de seguridad** teniendo los elementos adecuados. Hay que respetar las Jerarquías institucionales para el orden de precedencia y presidencia, en la platea, palcos, en la mesa o en el orden de los oradores. Hay que estar atento al espacio para esperar el inicio del acto, la circulación, el trato a autoridades, el guardarropa, el armado de tarimas, gradas, ·vestuarios, bar, mesas para gastronomía.

Volviendo al tema de ambientación del espacio a utilizar, también se pueden alquilar alfombras, tarimas, pasarelas, telones, plantas, columnas decorativas, baños químicos (si se realiza en algún lugar al exterior que no tenga la infraestructura apropiada).

Y para finalizar algunas sugerencias para graduaciones, que servirán de ejemplo para otros actos similares:

- Verifique el nombre y apellido de los alumnos.
- Ubíquelos por orden alfabético, lo mismo que los diplomas.
- Marque el nombre en los asientos.
- Si no dispone de un escenario delimite ese espacio con un cordón, alfombra, pequeña tarima o iluminación sectorizada.
- Si dispone de togas, haga una prueba y marque cada una con el nombre del alumno, especifique el peinado y vestimenta.
- Indique forma y lugar de devolución de las togas.
- Antes de comenzar el acto compruebe que estén presentes.
- Elimine de los listados a los ausentes.
- Verifique nombre y apellido de los docentes que hacen entrega de los diplomas.
- Ubique a las autoridades por jerarquías.
- Indique al fotógrafo oficial las tomas que a usted le interesan.
- Dedique una atención especial al locutor.
- Asegúrese que se respete el guión, silencios, música.
- Ensaye el tiempo de desplazamiento, foto, saludo.
- Cuide la correcta ubicación de las banderas.

# EVENTOS INFANTILES

# EVENTOS INFANTILES

Los eventos destinados a público infantil requieren una especial atención. A una exposición como Expojuguete, Expobebé, indudablemente acudirán muchos niños. Habrá mamás con niños pequeños que estén embarazadas, por lo tanto los requerimientos son diferentes.

Por un lado el tema de la seguridad, debe ser doblemente estudiada, enchufes normales para un adulto pueden ser un foco de atracción para un niño, una saliente a pocos centímetros del suelo, son un arma terrible para un niño, hay que pensar un poco como la doctora Montessori, espacios, alturas, desniveles, tienen que estar pensados en función de "los bajitos".

Un lugar cómodo para cambiar al bebé, un espacio de descanso para la mamá embarazada y refuerzo de las instalaciones sanitarias no siempre son tenidos en cuenta por los organizadores y hacen penoso un paseo.

El horario, la ambientación y el convite se adecuarán a las edades e intereses que tienen enormes diferencias en niños con unos pocos meses más.

A veces se piensa más en el gusto de uno que en la necesidad del niño.

Entretenimientos, conductores con experiencia y paciencia, pero a la vez autoridad para hacerse respetar, contribuyen al feliz desenvolvimiento de la reunión.

Es muy común la decoración con globos en las reuniones infantiles (aunque también se ha extendido a la decoración para todo tipo de eventos, independientemente de la edad) por lo que es importante atender las consideraciones de la nota que figura a continuación. Pero a todo esto debemos sumarle los deseos, gustos, las expectativas de los niños.

Hay muchos grupos de cantantes, bailarines, músicos, que actúan para ellos, que los entretienen esas dos o tres horas que dura la fiesta, en general dirigidos por alguna maestra jardinera, profesor de educación física, especialista en recreación y tiempo libre, y principalmente Organizadores de Eventos que se especializan en niños.

Hay mucha diferencia entre la atención de interés que puede tener un niño de 4 a otro de 6, entre los que ya saben leer y escribir a los que todavía están en la edad de formas y colores, en los personajes de televisión y cine que son los que ellos quieren como leitmotiv, conocen sus canciones o quieren una fiesta temática en torno a uno de ellos.

Conocemos los diferentes elementos, desde platitos, vasos, manteles, servilletas, carteles, tarjetas de invitación, con los colores e imágenes de su personaje favorito.

Y otro de los temas del que ya he hablado es el manejo del timing. Sabemos el tiempo de atención que pueden tener, también adecuados a su edad y sexo, generalmente (no es una regla) las nenas son mas tranquilas.

Por eso para los varones hay gimnasios o canchas de fútbol adecuadas para que corran, jueguen un partidito y descarguen su energía.

También, sabemos que los pequeños gustan de comida sencilla, la torta decorada según su deseo.

Ya que estamos hablando de este tema que veremos más adelante, me anticipo con algunas sugerencias:
• Indique hora de inicio y finalización de la fiesta.
• Tenga un listado con los teléfonos de los papás.

- Si hay algunos pequeñitos o que no quieran quedarse solos, prepare algo de comida para ofrecer a las mamás (generalmente son ellas las que se quedan acompañándolos).
- Reserve un espacio para los regalos. Si es invierno o viene directo del colegio, otro espacio, indicando a quién pertenece, para sacos, camperas, mochilas, y demás elementos.
- Reconfirme la asistencia.
- Si es a la salida del colegio, jardín, guardería, analice la posibilidad de llevarlos a todos en una camioneta.
- Sepa quién retira al niño.
- Si algún papá lleva a un nene que no es su hijo, que se lo indiquen para no andar sufriendo, falta un papá o sobra un nene.
- ¡¡¡Y disfrute la fiesta!!!

Como comentario personal me sorprende que cada vez más las fiestas son asombrosas y diferentes, con estilo propio, creo que hay que tener mesura también, si ya hicieron todo a estas edades, no les quedará sorpresa ni para los quince. Pensando y en manos de expertos, verá que todo se puede, principalmente que los papás y el homenajeado disfruten de la fiesta.

Otro tema es el de los disfraces y payasos, malabaristas o personajes que actúen, que puedan asustar a los chiquitos, no le dé esa sorpresa, puede ser más que un susto.

## DECORACIÓN CON GLOBOS.
## ENTREVISTA A SANDRA ROBBIANI

"El gas puede ser
un sólido recurso"

La decoración con globos se ha convertido en los últimos tiempos en un verdadero boom de las fiestas sociales, lanzamientos comerciales, eventos deportivos y actos políticos, (entre otros), lo que la ha llevado a instalarse como una de las opciones más buscadas por el agradable impacto que produce entre la gente a raíz no sólo de su colorido, sino también por su efecto sorpresivo.

La industria de su fabricación, que tiene su inicio en los EEUU, hoy es mundialmente conocida, contando incluso con empresas dedicadas exclusivamente a su inserción en los más diversos mercados del planeta. En Argentina hay unos ciento cincuenta especialistas, diseminados por todo el país, que se dedican a esta nueva actividad, participando anualmente en congresos organizados por los pioneros del sistema, que año tras año capacitan y actualizan a profesionales argentinos.

Sandra Robbiani, una de las profesoras dedicadas a la decoración con globos dice; "es algo que produce un efecto sorpresivo en las personas, lo que hace que, en menor o mayor medida se deje paso al niño que habita en todo ser humano. El globo, por su forma y colorido, produce alegría y frescura, y si le sumamos técnicas que hasta hoy eran poco conocidas, tendremos el efecto buscado: alegrar y darle vida al acontecimiento que nos llevó a esta decoración".

Al referirse a las técnicas en sí, Robbiani indicó que "existen cuatro ramas en las que podemos dividir a esta nueva actividad. Ellas son: decoración con globos, entregas espectaculares, arreglos de mesa y globología. Cada una de ellas tiene sus secretos, lo que las hacen más fantásticas aún. En cuanto al uso de los globos, pueden ser utilizados estática o dinámicamente, caso este último en que se lanzan flotando o se hacen mover con el viento, ya sea arrastrados por un vehículo o con sujeciones que lleven deflectores".

"Al realizar una decoración de este tipo, lo que se busca es el equilibrio y la unidad del ambiente. No es necesario llenar de globos el lugar, sino buscar el impacto deseado, y que tanto el agasajado como los participantes e invitados se sientan atraídos por ella".

Sandra Robbiani se muestra orgullosa de haber sido la pionera de su especialidad en Mar del Plata. Y de hacer entregas de regalos empresarios con globos". Fue y es un verdadero éxito. El sólo hecho de recibir un presente es agradable, y si a esto le sumamos la frescura y emoción que producen los globos, es muy difícil que el agasajado se olvide de ese presente".

Para disfrutar de un arreglo con globos, es necesario tener en cuenta las siguientes indicaciones:

• Los globos que flotan deben ser inflados con helio, un gas más ligero que el aire y que no estalla, como otros sustitutos que se improvisan. Este gas no es tóxico y tampoco es dañino para el medioambiente. Los globos de 11 pulgadas (28 cm) de látex flotarán aproximadamente 20 horas, mientras que los de 16 (40 cm) flotarán más de 40 horas. No se pueden volver a inflar.

• Los globos metalizados flotarán de 7 a 14 días y pueden ser inflados nuevamente. Los globos de Qualatex están fabricados de 100% látex biodegradable. Los globos metalizados no son biodegradables y conducen la electricidad si entran en contacto con la energía eléctrica.

• Por lo cual siempre deben permanecer atados a un peso y no dejarlos escapar.


**ADVERTENCIAS**

Los niños menores de 8 años pueden asfixiarse o sufrir estrangulación con los globos rotos o sin inflar, por lo que se deben eliminar los globos rotos inmediatamente.

Inhalar helio podría resultar dañino para la salud. No se debe inhalar el helio de los globos bajo ninguna circunstancia.

En el Estado norteamericano de California hay una ley respecto a los globos que establece: • Nunca usar cinta metálica para atar globos inflados con helio. • Atar los globos inflados con helio por separado a una pesa. • No atar globos metálicos inflados con helio a otros globos para formar grupos de globos inflados con helio que incluyan globos metálicos.

# EVENTOS SOCIALES

# EVENTOS SOCIALES

**Cuando la casa es una fiesta**

Cuando se desea organizar una recepción para una cantidad de personas que excede un grupo mínimo de cuatro o seis invitados, hay dos maneras de congregarlas, las que se pueden denominar —según objetivos y condicionantes del lugar en donde se haga la reunión— en formales e informales.

Es importante tener bien en claro cuál será el objetivo de nuestra reunión, ya que así podremos desarrollar convenientemente cada paso de lo que preparemos, pero con vistas a una meta bien definida.

Cuando se haga una reunión formal, aunque tengamos pensada una cantidad estricta de invitados, conviene tener prevista una cifra mínima y otra máxima, para evitarse situaciones engorrosas.

En este caso, las invitaciones deberán hacerse con una anticipación de unos quince días, asegurándose de su recepción (porque el correo a veces no brinda seguridades) por vía telefónica. Sin embargo, corresponde a los invitados contestar a este convite antes de las 48 horas de su hora prevista.

En este tipo de reunión, con ubicaciones prefijadas en las mesas, es importante conocer con anticipación la cantidad exacta de personas que concurrirán, ya que habrá que establecer un plano de comensales, según precedencias y jerarquías de los asistentes. Por ejemplo, a la derecha del dueño de casa va la señora invitada principal.

Salvo que se quiera impactar por alguna razón especial, convendrá no servir comidas muy exóticas, que requieran cubiertos especiales (tipo caracoles o langosta, por ejemplo), o ingredientes provenientes de otros países y desconocidos para el nuestro.

También, y aún cuando los anfitriones observen habitualmente algunas costumbres o ritos religiosos, deberá evitarse el obligar a los huéspedes a participar de ellos, a menos que todos coincidan en lo mismo.

Es importante prever quién y cómo se establecerá la ubicación de cada concurrente en el momento de ingresar al comedor. Podrán ir acompañados por los propios dueños de casa y secundados por personal de servicio debidamente aleccionado. O podrán establecerse las ubicaciones por medio de tarjetas, no deben tener un tamaño exagerado, pero tampoco deberán ser de difícil lectura con la tenue luz del ambiente y sin requerir anteojos de proximidad.

Una recepción informal no depende tanto de la cantidad estricta de participantes, pero tampoco deberá dejarse librada a la improvisación, para prevenir incomodidades o situaciones fuera de control.

Podrá ser un cocktail, un "brunch", una comida fría tipo americano, o un asado, pero aunque aquí no se instale un servicio completo de vajilla, también habrá que pensar en que haya superficies de apoyo adecuadas para que cada invitado pueda comer y beber con cierta tranquilidad. Si se desea, es posible culminar con platos calientes, tipo cazuela, pero conviene advertir de este menú a los invitados, sin demorar demasiado su servicio. En algunos casos de reuniones muy prolongadas, hasta se estila servir uno de estos platos a la madrugada.

En alguna situación, principalmente a la que concurren niños y adolescentes se podrá recurrir a vasos y platos descartables, sin mayores problemas.

En todos los casos habrá situaciones comunes que requieren solución. Los problemas de seguridad para los asistentes, tanto en el estacionamiento de vehículos como en la guarda de abrigos o accesorios impermeables.

Igualmente ocurre con los accesos. Si se hacen reuniones en un "country club", en una casa en el campo o en una embarcación, por ejemplo, habrá que avisar a los controles de acceso o del puerto, prever que haya un planito (junto con la invitación) y que los caminos no presenten confusiones y estén adecuadamente señalizados. Si se trata de un salón, escaleras muy estrechas o ascensores muy lentos o escasos, redundarán en incomodidades.

También convendrá prever qué ocurrirá en caso de mal tiempo. Un camino de tierra con lluvia puede impedir la realización de una fiesta.

Es importante que la climatización ambiental resulte cómoda para todos. No demasiada calefacción ni un aire acondicionado excesivamente frío. Si se encenderá una chimenea, hacerlo por necesidad y no solamente por motivos decorativos y cuando no se justifique. Si se hará la reunión en "quinchos" o al aire libre, prever que los insectos no se constituyan en una molestia (pueden utilizarse luces amarillas repelentes, para la noche, por ejemplo).

Finalmente, habrá que pensar cuidadosamente en el momento en que se haga el brindis o el discurso explicando el motivo de la reunión. No deberá ser muy largo (no más de cinco minutos de reloj), ni habrá que abrumar a los invitados con chistes fuera de tono o con expresiones muy solemnes o emotivas.

Si se dan atracciones especiales, como algún cuentista, un artista o músico, un show o fuegos artificiales, será recomendable anticiparlos ligeramente, para evitar demasiadas sorpresas o que los invitados se retiren antes de tiempo.

Cuando se presenten cuentistas o animadores que improvisen o actúen, convendrá instruirlos sobre el tipo de público, para evitar chistes fuera de tono o sorpresas desagradables (si hay niños o pueden afectarse susceptibilidades por motivos religiosos, ideológicos o raciales).

La organización es fundamental, pero siempre tendrá que tenerse en cuenta el entretenimiento y la comodidad de los invitados, antes que un rigor demasiado autoritario.

Les daré algunas pautas para realizar **fiestas temáticas:**

## DECORACIÓN TEMÁTICA

Diseño, realización y montaje de decorados ambientando así una época, un lugar determinado o bien la puesta en escena de una escenografía partiendo de una idea o un tema específico.

## DISFRACES

Alquilar vestuario teatral, disfraces convencionales, acordes a la necesidad y característica del evento.

## AÑOS SESENTA

Música de la década – recepcionistas vestidas de la época – fotografías de famosos y del anfitrión – sector con revistas o diarios de la época – juegos de mesa y de salón (flippers). Presentar cuadros imitando el estilo de la época incluyendo los rostros de los homenajeados y otros invitados.

## MEDIEVAL

Fiesta del vino – botellas variadas – tonos violetas – morados – uvas frescas y secas – platos de quesos. Trajes típicos. Narrador de historias. Presentar cuadros imitando el estilo de la época incluyendo los rostros de los homenajeados y otros invitados.

## GRIEGA

Columnas – color predominante blanco – cisnes – mármoles – cristales. Frutas frescas. Vestimenta típica – estatuas vivientes.

## MEXICANA

Color terracota y beige – cerámicas de barro – flores – telas con colores de la bandera para decorar mesas o rincones.

## OTOÑAL

Hojas secas – colores dorados – ocres – rojizos – naranjas – amarillos.

## DEL GLOBO

Globos con helio – multicolores – lluvia de globos – armado de pérgolas, columnas, arcos, guirnaldas.

## DEL SOMBRERO

Según pasan los años: formatos – colores – tamaños.

## BAHIANA

Capoeiras – telas blancas – flores – arena – agua.

## DEL MAQUILLAJE

Organizar un concurso y proporcionar los elementos necesarios para que los asistentes se maquillen según las consignas dadas.

## CRIOLLA

Fardos de pasto – telas rústicas – troncos de quebracho – camareros vestidos de paisanos – ponchos – música tradicional – mesas rústicas.

## ALMACÉN DE CAMPO

Viejas balanzas – registradoras – latas – tarros – frascos.

## CAMPESTRE

Canastas – manteles cuadrillé – frutas – vajilla práctica – vestimenta acorde.

## EL BAÚL DE LA ABUELA

Botones – baúles – viejos recuerdos – mantillas – peinetones – vestidos – vajilla – fotos antiguas.

## SIMPLE Y FORMAL

Vajilla blanca de porcelana – copas de cristal y blanquería de color blanco – iluminación tenue – velas – toques de color rosa o rojo – telas tensadas blancas.

## LAS VEGAS

Casino – máquinas de juego – mesas de juegos – billetes para ser canjeados – show – circo – mimos – payasos – malabaristas – trapecistas.

## FESTIVAL DE MAGIA

Varios magos e ilusionista – galeras – cartas gigantes – guantes – varitas mágicas – humo – colores negro y blanco con toques de plateado.

# INTRODUCCIÓN A LA
# PRODUCCIÓN DE ESPECTÁCULOS

## INTRODUCCIÓN A LA
## PRODUCCIÓN DE ESPECTÁCULOS

La producción u organización de espectáculos es otro género dentro del mundo de los eventos que merece un espacio propio.

Si bien la palabra producción se refiere en algunos casos al que invierte en ese proyecto, también, principalmente en el ambiente teatral o televisivo, es el que gestiona, dirige, contrata, comercializa ese tipo de evento.

Como en todos los casos debemos saber a quiénes nos dirigimos, sexo, edad, nivel cultural.

Si es un espectáculo sólo de entretenimiento o si se busca dejar un mensaje o enseñar.

Si el público será participativo o si estará estático, expectante.

Si es de un solo día o función, o si estará en cartel hasta que haya público o mientras dure la locación de la sala.

Acá entran a jugar factores que serán tema de un próximo libro porque hay mucho que analizar, es algo muy complejo, ya que depende de los ingresos del productor, de la venta de entradas, o taquilla, de la forma societaria de la producción, de la contratación de los artistas, de la sala, de la inversión, de la publicidad.

En un espectáculo también intervienen varios gremios, los actores, los vestuaristas, escenógrafos, maquilladores. Si es ópera, quién hace la "régie", o sea la dirección escénica; en teatro quién hace la puesta en escena; en ballet, el maestro de danzas, el repositor (es quien restaura la obra tal como fue el original, pensar que antes no existía el video ni la filmación o sea que se escribían todos los movimientos, paso, figuras coreográficas, a veces sobre la partitura, en cada nota, otras en papel directamente, respetando el estilo de cada coreógrafo).

He visto a Alicia Alonso dar clases de Estilo, por ejemplo del ballet Giselle, pensar que cada movimiento de las manos (ni qué decir de todo el cuerpo) debe ser siempre igual al que se hizo hace cien años.

Los directores de orquesta imprimen su sello con la batuta, o del director de coro, las "nuances".

Volviendo a los gremios, o a los estatutos, por ejemplo el trabajo de niños en espectáculos nocturnos, o las horas extra que deben abonarse, y qué diremos de las huelgas, de los paros, aun con el público ya instalado en la sala, y tener que "levantar" la función.

Qué fantástico que el arte llegue a todos y tanto Julio Bocca como Maximiliano Guerra, nuestros grandes bailarines hayan realizado funciones en las canchas de fútbol de Boca Juniors y River Plate.

Quién dice que el ballet o el arte "culto" es para una elite.

Hace varios años se hizo una muestra en el Palais de Glace sobre Julio Bocca y me pidieron dar una charla sobre "La Danza y los eventos", y al prepararla reuní todas las ocasiones de la vida de un hombre en el que se danza.

# CONCLUSIONES

## CONCLUSIONES

Este libro ha llegado a su fin. Esto es para mí también un evento, y como insisto siempre en mis clases diciendo que el evento es magia, es teatro, es ilusión, siento como si se fueran apagando las luces de la sala, cerrando el cortinado. Y los espectadores, ustedes los lectores, también se van yendo en silencio llevándose la magia de las palabras. Deseo haber contribuido a llenar vacíos, en algunos casos a compartir experiencias; en otros, a impulsar al que desea comenzar en esto.

Releyendo las entrevistas a los organizadores, a los prestadores de servicio, a los responsables de sedes, me quedan grabadas palabras que resumen ideas y vivencias.

*"Soy feliz con esto... Hago lo que me gusta... Planificar... Organizar... Estar en todos los detalles... Experiencia... Imprevisto... Capacitación... Trabajo en equipo... Noticias... Creatividad... Fantasía... Diferente... Pasión...".*

Se termina un evento y ya estamos pensando en el próximo. En una charla de café quizá surge la idea de hacer un congreso; en otra, organizar la feria benéfica que tanto puede ayudar a un colegio, o decidir que el casamiento de una hija o una amiga sea totalmente diferente a otros. En hacer ahora y en forma profesional lo que hemos hecho antes sin darnos cuenta que éramos, en una sola persona, un comité organizador completo que debía cubrir cada una de sus áreas.

Las experiencias de todos los que han participado en este libro son un elemento valiosísimo. A veces servirán como marco de referencia, otras ayudarán a preparar una guía de trabajo y en otras ocasiones ayudarán a no cometer un error.

También hemos hablado de la *depresión* que se produce al finalizar un evento. Del vacío que nos queda —vacío de personas que trabajaron con nosotros, vacío de la agenda apretada de horarios que teníamos—, por eso, y para que no nos afecte, ya estamos pensando en el próximo.

A mí también en este momento me pasa lo mismo. Pero en parte, para no sentirme mal al interrumpir esta tarea, por no estar con este apuro, en parte porque a medida que lo iba escribiendo veía que había tantas otras cosas para decir y tanta gente valiosa que podía transmitir sus conocimientos y que no están en este libro, que yo también como en el teatro, como en el evento, ya estoy preparando una segunda parte.

En realidad continué este camino con otros libros que ya suman seis.

Luego de este libro escribí *ABCDEventos, el diccionario de los eventos*, un glosario sobre la terminología adecuada al tema.

Siguió el de *Organización de eventos, problemas e imprevistos, sugerencias y soluciones*. Analizando, los imprevistos son "previsibles", no digo todos pero en su gran mayoría. Por un lado hay factores climáticos (quién iba a pensar nieve en Buenos Aires) o problemas humanos, tecnológicos y otros externos completamente como son los paros, huelgas, accidentes, avatares políticos. Contra éstos, a veces no se puede actuar.

Siguió luego *Marketing para eventos* junto a Gerardo Woscoboinik, y para ceñirnos al orden cronológico, escribí el libro *Imagen personal, profesional y corporativa (cómo sostenerla, revertirla o mejorarla)* también como complemento de la Primera Carrera en Asesoramiento en Imagen que he creado hace más de siete años, finalizando con la *Guía práctica de la organización de bodas*.

Este último libro quedó pendiente para su actualización. Mi editor Juan Carlos Ugerman aguardó pacientemente a que mi cabeza estuviera un poco más descansada.

Ahora misión cumplida, esperaremos mi próximo evento... o mejor dicho mi próximo libro. Ya está en mis pensamientos y en algún borrador, con la esperanza de ser útil una vez más a mis lectores.

Rosario Jijena Sánchez
*Julio de 2008*

*Cómo organizar eventos con éxito*, de Rosario Jijena
Sánchez, fue impreso y terminado en junio de 2009
en Encuadernaciones Maguntis, Iztapalapa,
México, D. F. Teléfono: 5640 9062.